미디어 구하기

Sauver les médias

줄리아 카제

이영지 옮김

어떻게 미디어는
'생존'하는 동시에
'민주주의'의 보루가
될 것인가

미디어 구하기

글항아리

서 론
새로운 미디어를 위해

1984년. 작은 소용돌이 바람이 일자 찢어진 종잇조각이 소용돌이치며 날아간다. 텔레스크린으로 끊임없이 통계 자료가 쏟아져 나오는 판에 오래된 신문기사 조각을 가지고 있어봐야 무슨 소용이겠는가? 오웰이 그린 암울한 미래에서는 새로운 정보 시대의 모습—실시간 뉴스 채널과 같은 방식으로 운영되는 텔레스크린—과 정보 조작의 어두운 면 사이에 영원한 긴장감이 맴돌고 있다. 주인공의 직업은 '기자'로, 그가 하는 '일'이란 과거의 역사가 새로운 '현실'과 더욱 잘 부합하도록 과거에 발간된 타임의 내용을 조작하는 게 아니던가?

2015년. 각종 스크린이 우리 삶을 지배하고 있고, 사람들은 트위터나 페이스북에서 또는 SMS나 스냅챗을 통해 신조어로 이야기한다. 디지털 뉴스, 스마트폰, 사회관계망서비스 시대에 뉴스는 어디에든 존재한다. 그리고 뉴스는 우리를 늘 지켜보고 있다.

지금처럼 정보 생산자가 많았던 적은 없었다. 프랑스에는 4000개 이상의 신문, 1000개 이상의 라디오 채널, 수백 개의 TV 채널, 수만 개의 블로그, 트위터 계정 및 뉴스 애그리게이터가 존재한다. 미국의 경우, 약 1000개의 지역 TV 채널, 1만5000개 이상의 라디오 채널, 약 1300종의 일간지가 존재한다.

그러나 역설적으로 미디어가 지금처럼 쇠약했던 적이 없었다. 미국에서 발간되는 일간지의 연매출 총액은 제3자가 생산한 콘텐츠를 선별해 게재하는 구글 매출액의 절반이다. 대부분의 경우 각 '뉴스'는 동일한 형태로 무한 반복된다. 같은 장면을 계속 내보내는 실시간 뉴스 채널은 말할 것도 없거니와, 신문사는 마치 복사하기-붙이기가 자사만의 정보를 입수하는 것보다 더 중요하다는 듯, 뉴스통신사의 통신문을 최대한 빨리 자사 인터넷 사이트에 게재하기 위해 온 힘을 쏟아붓는다. 취재 인력이 줄어도 이런 일은 계속된다. 게다가 콘텐츠 생산이 지닌 구조적 문제 때문에 점점 늘어나는 신규 미디어와 무한 경쟁을 해낼 재간이 없다.

우리는 최고와 최악의 시기를 동시에 보내고 있다. 어떻게 보면 모든 게 낙관적이다. 지금처럼 신문 독자 수가 많았던 적은 없었다. 온라인 독자 통계를 보면 그 숫자가 어마어마해서 일부 신문(사실상 블로그)은 트래픽에 따라 '접속자'에게 과금하기도 한다.

하지만 온라인 독자 규모가 수천만 명에 달한다는 통계치는 대부분 허상일 뿐이다. 이 통계치를 현실에 대입해보면 기대 이하라는 것을 이 책을 읽으면서 깨닫게 될 것이다. 게다가 신문 독자는 늘어나고 있지만, 정작 신문사는 온라인 독자로부터 수익을 창출하지 못하고 있다. 우리가 생각했던 것과는 완전히 반대다. 온라인 광고 수입이야말로 미래 동력이라고 믿은 신문사는 오로지 온라인 광고 수입만을 추구하다가 모든 것을 잃을 지경에 이르렀다. 뉴스의 품질 저하, 발행 부수 감소, 수익성 확보가 되지 않는 신문사 웹사이트. 결국 신문사는 깊은 밤이 찾아오기만을 기다리고 있다.

사라진 허상

현재 미디어는 심각한 위기를 겪고 있다. 전 세계적으로 보면 종이 언론의 구조조정과 신문의 폐간 사례는 수없이 많다. 2012년 프랑스에서는 전국 일간지인 프랑스수아르와 라트리뷴이 시장에서 사라졌다. 영업이익 600만 유로 손실로 2013년을 마무리한 니스마탱은 2014년 법정 관리를 받게 되었다. 법정 관리는 겨우 면한 리베라시옹은 2015년이 되자 직원의 3분의 1을 해고했고, 르피가로는 '희망퇴직' 신청 규모를 늘렸으며, 쉬드우에스트는 감원을 결정했다. 독일의 경우 2013년에 1000개 이상의 일자리가 사라졌고, 스페인의 경우 2008년부터 2012년까지 약 200개의 미디어가 사라졌다.

대서양 건너편 미국도 별반 다르지 않다. 뉴스페이퍼데스워치는 웹사이트에서 2007년 이후 사라진 지역일간지 12개를 애도 중이고 향후 비슷한 수의 일간지도 '사라질 위기'에 처했다고 보고 있다. 상황이 이렇다보니 미국에는 주에서 발간되는 일간지가 없는 주가 많다.[*] 시카고트리뷴과 로스앤젤레스타임스는 여전히 발간되고 있으나 두 신문사 모두 2008년에 파산했고, 같은 해 미국 신문사에서 기자 1만 5000명 이상이 일자리를 잃었다.[**]

신문사만이 위기를 겪은 게 아니다. 프랑스 국영방송인 프랑스텔레비지옹은 2013년 말 361명을 대상으로 명예퇴직을 실시했다. 국영라디오인 라디오프랑스는 2015년 초

---

[*] 페이퍼 컷Paper Cuts(http://www.newspaperlayoffs.com)은 해고된 기자 수를 파악하고 있는데, 그 수가 백 단위에 이른다.
[**] André Schiffrin, *L'Argent et les Mots*, Paris, La Fabrique, 2010; Robert McChesney & John Nichols, *The Death and Life of Great American Newspapers*, Philadelphia, Nation Book, 2010.

사상 최장 기간 파업을 실시했는데, 그 배경에는 예산 감축과 국가 지원 중단이 있었다. 2014년 영국 BBC는 '품질 우선 전달Delivering Quality First' 계획에 따라 2016년까지 뉴스 부문 일자리 220개를 없앤다고 발표했다. 이런 게 영국식 유머인가 보다. 이후 2015년 7월에는 TV 수신료 수입 감소를 이유로 일자리 1000개를 없앤다고 발표했다. TV 수신료로 먹고살더니 이제는 TV 수신료 때문에 어려움에 처하게 되었다.

위기의 규모를 살펴보자. 사실 지금의 위기는 새로운 게 아니다. 인터넷 보급 이후 또는 2008년 세계 금융위기 이후 발생한 건 분명 아니다. 우리가 잊고 있는 게 있는데, 신기술―라디오, TV, 미니텔Minitel(프랑스 PC통신의 시초―옮긴이)―이 등장할 때마다 종이언론은 위기에 처했고, 모든 신규 매체와 경쟁할 수밖에 없게 된 종이언론은 신규 매체에 저항하고 자신의 상황을 과장하면서 이러다 사라질지 모른다고 떠들고댔다. 광고의 일인자인 미국에서조차 1956년부터 신문사의 광고 수입은 GDP 대비 감소하고 있다.

그런데 이런 위기는 최근 몇 년간 극단으로 치닫고 있다. 기존 미디어는 이제 위협받고 있고, 심지어 궁지에 몰려 있기까지 하다. 뉴스는 무한으로 반복되고 복제된다. 뉴스를

생산하는 데 막대한 비용이 드는데도 뉴스는 무료로 제공
된다. 미디어는 무너지고 휘청거리며 죽음으로 향하고 있
다. 역사의 아이러니다. 흔히 최초의 미디어 기업가 중 한
명으로 일컬어지며 프랑스에서 처음으로 저가신문을 선보
인 에밀 드지라르댕은 1828년 르볼뢰르Le Voleur('도둑'이라
는 의미―옮긴이)를 창간해 본격적으로 언론 사업에 뛰어들
었다. 그런데 르볼뢰르는 한 주간 다른 신문들에 실린 최고
의 기사들을 도둑질해 편집한 주간지였다.

미디어는 상품이 아니다

의식하는지 못 하는지 모르겠으나, 사람들은 미디어에
대한 신뢰를 점점 잃고 있다. 프랑스인들은 미디어가 제공
하는 뉴스 자체에는 늘 관심이 많지만, 프랑스인의 약 4분
의 1은 이제 더 이상 미디어를 믿지 않는 것으로 보인다.
2014년 갤럽연구소가 진행한 설문조사 결과를 보면, 미디
어에 대한 미국인의 신뢰도는 22퍼센트 미만이다.(신문은
22퍼센트, 인터넷은 19퍼센트, TV 뉴스는 18퍼센트에 불과하
다.) 왜 사람들은 미디어를 이토록 불신하는 것일까?

신문, 신문기자, 언론사주에 대한 불신은 당연히 어제오

늘 일이 아니다. 19세기 말에 있었던 파나마 스캔들과 차르 국채 스캔들로 일부 프랑스 신문의 비리가 세상에 알려졌다.(프랑스 제3공화국 정부 때 프랑스는 파나마 운하 건설을 수주했으나 말라리아, 재정난 등의 악재로 건설이 중단되었다. 그러자 건설사는 정부에 로비를 했고, 언론을 매수해 거짓 기사를 내보내다가 모든 게 탄로되면서 프랑스 사회에 큰 파장을 일으켰다. 이를 파나마 스캔들이라고 한다. 파나마 스캔들이 터지고 얼마 뒤 차르 국채 스캔들이 터졌다. 프랑스에서는 아르튀르 라팔로비치Arthur Raffalovitch 사건이라고도 부른다. 차르 정부는 라팔로비치를 통해 프랑스 언론을 매수해 여러 신문에서 차르 국채 가격이 오를 것이니 계속 보유하라는 기사를 내보냈으나 국채 가격은 폭락했다.─옮긴이) 당시 미국 신문들도 비난을 면치 못했다. 19세기 내내 미국 신문은 정치인들의 공적 관계를 위한 도구로 사용되었고, 극소수 신문만이 독립성을 유지했다.[•] 현재 미디어에 대한 불신은 절대적으로 봐도, 신기술 발전으로─이론상─실현될 이상적인 뉴스 및 투명성과 비교해봐도 심각한 수준이다. 어쩌면 민주주의를 꿈꾸던 20세기와 비교해 현재 미디어의 모습이 더욱 심각한 수준일지도 모른다.

　프랑스에서는 독일로부터의 해방 당시 언론사에게 특별

• 매슈 겐츠코Matthew Gentzkow, 에드워드 글리저Edward L. Glaeser, 클로디아 골딘Claudia Goldin은 1870년대 초 미국 언론이 주택담보대출 관련 정치 스캔들을 어떻게 다뤘는지 예로 들어 미국 신문사들의 비리를 설명한다.('The Rise of the Fourth Estate: How Newspapers Became Informative and Why it Mattered,' *Corruption and Reform: Lessons from America's Economic History*, Glaeser and Goldin, Eds. NBER, 2006)

한 지위를 부여해야 한다는 주장이 제기되었다.(1944년 8월 26일자 행정명령은 금권과 국가 개입으로부터 언론을 보호하고 신문사들의 독립과 투명성을 보장할 것을 내세운다. 프랑스 언론연맹FNPF은 1945년 11월 '언론의 권리와 의무 선언문'을 채택하는데, '언론은 상업의 도구가 아닌 문화의 도구'라고 명시한다.―옮긴이) 이후에도 다양한 주장이 나왔지만 현재 모습은 참담하기만 하다. 언론사는 여전히 민간 기업으로 간주되며, 대다수 미디어는 이윤을 추구하고 시장 원리를 따르며, 절대 권력을 지닌 주주를 위한 영리기업으로 운영되고 있다. 사실상 미디어를 매매하거나 헐값에 팔아넘길 수 있는 것이다.

1970년대 초까지만 해도 프랑스의 대표 신문이었던 프랑스수아르는 에르상 그룹으로 넘어갔고, 지불정지 사태 이후 회생했다가 파업 사태를 겪었으며, 한 달 이상 판매 중단 선언 후 편집국장을 교체하더니 결국 2010년 러시아 출신 백만장자 알렉상드르 푸가체프의 손에 넘어갔으나 새 주인은 이내 관심을 잃었다. 미국에서는 최근 몇 년 동안 신문사 수십 곳의 주인이 바뀌었다. 실제로 2011년 한 해 동안 인수합병자문사인 더크스 밴 에센 앤 머리를 통해 71개 미디어가 거래되었고, 미디어제너럴은 2012년 소유한 신문사를 모두 매각했다. 이는 모두 자본주의의 영향력을 보여주는 사례로, 미디어 역시 재화로 간주되고, 미디어의 소유 구조는 종종 투명성이 보장되지 않음을 알 수 있다. 미국의 지역 TV 채널 역시 요 몇 년간 사상 최단 주기로 주인이 바뀌었다.

그럼에도 미국, 독일, 영국, 이탈리아의 미디어는 혁신적인 면모를 보여주기도 했다. 이들 국가에서는 프랑스보다 앞서 비영리 미디어가 등장했다. 재단이 주요 언론사―영국의 가디언이나 독일의 미디어 그룹 베르텔스만―를 소유하는가 하면, 2008년 미국의 부호 허버트 샌들러와 그의 아내 매리언 샌들러가 설립한 프로퍼블리카를 모델로 한 비영리 미디어가 탄생하기도 했다. 하지만 신생 미디어에서도 돈은 곧 권력이라는 논리가 적용되었다.

미디어와 민주주의

지금부터가 이 책에서 다루고자 하는 핵심 내용이다. 뉴스미디어가 운영과 재원 마련이라는 두 가지 어려움에서 벗어날 수 있도록 새로운 모델을 제시해야 한다.

미디어는 영향력이 없어 고심하는 부호들이 선택하는

'취미생활'이 되는 경우가 지나치게 많다. 리베라시옹을 '위기에서 구하고자' 부동산투기업자와 이동통신업자가 손잡고 등장한 것을 기뻐해야 한다니, 대체 우리는 어떤 민주주의 국가에서 살고 있는 것인가? 미국의 부호들이 점점 쇠약해지는 신문사에 거액을 내놓는다는 이유로 미국 미디어의 새로운 '도금시대'가 도래했다고 환호할 수 있는가?

진정한 민주주의는 극소수 부유층의 주머니에서 나오는 돈만으로 유지되어서는 안 되고, 양질의 민주적 토론을 책임지는 미디어는 부호의 독점적 영향력 아래 있어서도 안 된다. 바로 이런 이유 때문에 신문과 TV 채널의 다원주의 외에도 '미디어 소유의 다원주의'에 대해 생각해볼 필요가 있는 것이다. 주주제를 다양화해야 하고, 소수의 개인이 의결권을 장악하지 못하도록 해야 한다.

또한 우리는 경험을 통해 직원이 독점적으로 운영하는 미디어—프랑스 등지에서 노동자협동조합SCOP이 대표적이다—는 실패할 수밖에 없음을 깨닫게 되었다. 그리고 '1인 1표'라는 엄격한 원칙을 고수하는 한, 노동자 자주관리형 신문사는 이상에 불과하다는 것도 알게 되었다. 독자조합과 기자조합 역시 만병통치약이 아님을 깨닫게 되었다.

우리는 르몽드의 사례를 통해 자본력 없는 '대표' 주주

(독자조합)와 자본력 있는 대주주 간의 충돌을 사전에 해결하지 못할 경우 기업 운영에 치명타가 될 수 있음을 알게되었다. 따라서 우리가 모색해야 하는 것은 혁신적이면서도 현실을 반영한 중간적 형태의 기업 모델이다. 새로운 방식의 출자, 경영권 및 의결권 분배를 제시하는 모델이어야 한다. 그리고 미디어에―어쩌면 다른 부문에도―적합한 민주적 주식회사의 모델이어야 한다.

미디어 구하기

이 책은 현재 미디어의 모순을 타파하기 위해 21세기에 적합한 '새로운 미디어 기업 모델'을 제시한다. 이 책은 재단과 주식회사의 중간적 형태인 '비영리 미디어 주식회사'(주식재단fondation이라고 불러도 될 것 같다)를 제안한다. 비영리 미디어 주식회사는 최근 수십 년간 미디어 부문의 성공사례, 영리성과 비영리성을 적절히 조화시킨 세계 유수 대학의 성공 사례에 착안해 개발한 기업 모델이다.

야심찬 이 모델은 자기자본은 보존하면서 재원 마련을 가능케 해주는 동시에, 외부주주에게는 제한된 의결권을 부여한다. 독자조합 및 기자조합에는 새로운 자리를 마련해주고, 크라우드펀딩을 장려하는 법적 규제와 세제를 마련해준다. 또한 비영리 미디어 주식회사를 통해 기존의 언론 지원제도를 개혁할 수 있고, 이로써 프랑스 등지의 복잡한 언론 지원제도를 대폭 단순화할 수 있다. 또 미국처럼 국가의 언론 지원이 부족한 곳에서 미디어에 할당하는 자원을 효율적으로 늘릴 수 있다.

비영리 미디어 주식회사는 자기자본의 안정성과 투자의 영속성을 통해 미디어의 품질을 보장할 것이다. 이제 미디어는 마땅한 '취미생활'이 없는 기업가들의 놀이터가 되어서는 안 되며, 한탕을 노리는 투기업자의 투자대상이 되어서도 안 된다. 비영리 미디어 주식회사는 거대주주의 의결권을 제한하고 독자, 청취자, 시청자, 기자에게 큰 대항력을 부여함으로써 뉴스의 생산자와 소비자가 다시 한번 뉴스의 민주화를 실현할 기회를 줄 것이다. 그러나 뉴스로 여론을 조성하려는 자에게는 기회가 주어지지 않을 것이다. 또한 유권자를 매수하려는 자에게도 기회가 주어지지 않을 것이다.•

• 이 책의 온라인 부록 사이트(https://sites.google.com/site/juliacagehomepage/sauver-les-medias)에는 책에서 소개한 각종 자료의 출처와 연구 방식, 비영리 미디어 주식회사에 대한 자세한 정보가 담겨 있다. 또한 비영리 미디어 주식회사 시뮬레이션 프로그램도 있으며, 이 책에 언급된 미디어 기업 및 미디어 그룹에 대한 상세한 정보가 올라와 있다.

차례

1장

뉴스의 시대?

우리는 현재 뉴스의 시대에 살고 있는가? 신문기자, 범위를 확장하면 콘텐츠 생산자는 계속 늘어나고 있는가, 아니면 사라질 위기에 처했는가? 뉴스의 품질은 계속 좋아지고 있는가, 아니면 끊임없이 쏟아지는 허황된 뉴스로 인해 더욱 나빠졌는가?

현재의 미디어 위기를 벗어날 방법을 제안하기에 앞서, 현 상황을 정확히 분석하고, 뉴스의 생산자와 소비자, 뉴스의 소비 과정에 대해 좀더 자세히 이해하는 일이 필요하다. 여기서 말하는 뉴스란, 오늘날 미디어를 통해 제공되는 각종 정보를 뜻한다. 뿐만 아니라, 좀더 넓은 의미에서 본다면 문화산업 전반, 대학, 박물관, 공연장, 극장 등에서 제공되는 지식도 뉴스에 포함된다. 공공재로서의 뉴스도 빼놓을 수 없다. 공공재로서의 뉴스는 정치 참여와 민주주의의 기반이 된다.

뉴스를 공공재로 볼 경우, 뉴스는 여타 문화재화와 마찬가지로 국가가 직접 생산할 수 없는 공공재다. 따라서 시장과 국가, 공공 부문과 민간 부문의 교차점에서 미디어의 경제 모델을 재고해야 한다. 이와 관련된 문제와 해결책은 모두 21세기 '지식경제'의 영역에 속한다. 지식 및 문화를 생산하는 부문들은 오래전부터 시장 논리와 이윤 추구를 벗어난 모델을 개발했고, 국가의 통제로부터 벗어났다. 미디어는 이 점에 착안해 가능성의 범위를 넓히고 위기에서 벗어날 수 있다.

넓은 의미의 뉴스

'지식 부문'의 경제 기여도를 정확히 측정하는 것은 어려운 일이다. 이를 위해서는 문화 부문의 경제 기여도뿐만 아니라, 고등교육이나 연구 같은 다른 부문의 기여도까지도 고려해야 한다.

최근 발표된 한 공식 보고서에 따르면, 엄밀한 의미의 '문화'는 프랑스 GDP의 3.2퍼센트를 차지하는데,* 이 수치는 자동차 부문의 7배에 해당되며, 농업 및 식품가공 부문

---

* *L'apport de la culture à l'économie en France*, Inspection générale des finances & Inspection générale des affaires culturelles, 2013. 12.

을 합친 수치와 같다. 문화 부문에 직간접적으로 고용된 인구는 67만 명으로, 이는 프랑스 전체 고용인구의 2.5퍼센트에 해당한다. 여기에서 말하는 '문화'란 언론, 출판, 방송, 광고, 공연예술, 시각예술, 건축, 영화, 영상·음향 산업 부문 및 지식과 문화를 접할 수 있는 모든 것을 의미한다. 미국의 문화예술 생산은 GDP의 3.2퍼센트를 차지해 2.8퍼센트를 차지하는 여행관광 부문보다 훨씬 높고[*] 영국의 창조산업은 GDP의 5.2퍼센트를 차지하는 것으로 추정된다.[**] 최근 몇 년간 창조산업 부문의 기여도는 2008년 4.7퍼센트에서 2012년 5.2퍼센트로 급상승했다.

그러나 여기서 설명을 그친다면 오류를 범할 수 있다. 고등교육기관과 연구소는 지식의 생산과 전달에 있어서 중심 역할을 하는데, 보통 고등교육기관과 연구소는 문화 부문 중에서도 미디어와 매우 긴밀한 공생 관계에 있다. 게다가 양자의 비중은 모든 문화 부문을 합친 것보다 훨씬 크다. 현재 고등교육기관(1.5퍼센트)[***]과 연구소(2.3퍼센트 미만)는 프랑스 GDP의 3.8퍼센트를 차지하고, 미국 GDP의 5.6퍼센트를 차지한다.(고등교육기관 2.8퍼센트, 연구소 2.8퍼센트) 프랑스의 고등교육기관과 연구소에서 일하는 인구는 65만 명으로, 이 역시 전체 고용인구의 약 2.5퍼센트에 해당된다.

• 미국 경제분석국Bureau of Economic Analysis(BEA)과 국립예술기금National Endowment for Arts의 2011년 추정치. 미국에서는 2007~2009년의 세계 금융위기로 인해 문화예술 생산 부문이 특히 큰 어려움을 겪었다. 세계 금융위기 전까지만 해도 GDP의 약 3.6퍼센트였으며, 2004년의 경우 무려 3.7퍼센트였다.
•• 영국의 문화미디어체육부Department for Culture, Media and Sports에서 발간한 *Creative Industries Economic Estimate*(January 2014, Statistical Release)를 참고할 것.

공공 및 민간 연구소(R&D 포함)에서 일하는 인구는 40만 명(이 중 25만 명은 연구원)에 달하고, 공공 및 민간 고등교육기관에서 일하는 인구는 약 15만 명(이 중 8만 명은 교원과 연구교원)이다.

문화, 고등교육, 연구 부문을 모두 합쳐서 본다면, 지식 부문은 프랑스 GDP의 7퍼센트를 차지하고, 전체 노동인구의 5퍼센트를 고용하고 있다. 여기에 초중등교육기관까지 추가한다면 GDP의 10퍼센트를 훌쩍 넘을 것이고, 이 10퍼센트를 대략 삼등분하면 문화, 고등교육과 연구, 초중등교육으로 나뉜다. 이는 미국과 비슷한 규모로, 미국에서는 고등교육과 연구의 비중이 훨씬 크다.

이처럼 규모가 상당한 지식 부문에서 미디어의 비중은 상대적으로 낮게 느껴질 수 있다. 문화 부문의 총수익 중 미디어의 비중이 30퍼센트 이하임을 감안하면, 순수한 회계의 관점에서 볼 때 미디어(신문사, 라디오, TV)의 지식생산 기여도는 극미하다. 프랑스에는 연구교원이 기자보다 약 두 배(미국의 경우 세 배) 더 많은데, 현 상황이 지속된다면 이 격차는 더욱 심화될 것이다. 실제로 1992년부터 2013년까지 교원과 연구교원의 수는 67퍼센트 이상 증가한 반면, 기자 수는 고작 38퍼센트 증가했을 뿐이다.(미디어 수의 변

••• 이 수치는 OECD 회원국의 평균(1.6퍼센트)보다 약간 낮고, 미국(2.8퍼센트)과 비교했을 때는 매우 낮다.(다음을 참고할 것. *Education at a Glance 2013. OECD Indicators*, OECD Publishing, OECD, 2013)

화를 고려하면 기자 수는 매우 불규칙적으로 증가했다.)

그러나 미디어는 여전히 중요한 부문이다. 바로 미디어의 독자 규모 때문이다. 프랑스의 고등교육을 생각해보면 대학생은 240만 명으로 이는 지역일간지 전체 구독자의 약 3분의 1에 해당되는 수치다. 프랑스 교육제도 전반을 놓고 보면 초중고생, 대학생 및 연수생을 모두 합친 수(1520만 명)는 프랑스의 TV 채널인 테에프앵, 프랑스되, 아르트, 엠시스에서 방영하는 뉴스의 전체 시청자 수(1360만 명)보다 약간 더 많을 뿐이다. 오페라의 경우, 프랑스에서는 시즌별로 1000개의 오페라 공연이 무대에 오르고 140만 명 이상이 오페라를 관람하는데, 이 수치는 르몽드 인터넷사이트의 월별 접속자 수의 6분의 1에 해당된다. 또한 32만 8000명이 파리 국립 오페라단의 발레 공연을 관람하는데, 이 수치는 프랑스의 지역일간지 우에스트프랑스 종이판 신문의 평균 구독자 수보다 적다.

사람들이 신문에 대한 관심을 잃어 애통하다는 이야기를 자주 듣는데—어떻게 보면 당연한 일이다—15세 이상 프랑스인 중 3분의 2 이상이 정기적으로 일간지를 읽고, 60퍼센트 미만이 최소 연 1회 영화를 보고, 약 3분의 1이 박물관이나 전시회장을 찾으며, 단 5분의 1만이 연극을 관

람한다. 이런 현상은 다른 유럽국가와 미국에서도 마찬가
지다.

　이는 미디어, 특히 언론의 입장에서 보면 참 역설적이다.
경제에서 상대적으로 비중이 낮은 언론 부문에 종사하는
소수의 임금근로자들은 다수의 대중을 상대하고, 민주주
의 실현을 위한 유권자의 결정에 영향을 미칠 수 있다. 보
통선거만으로는 정치권력을 정당화할 수 없는 상황에서,
민주주의는 그 어느 때보다 미디어라는 대항력에 의지해야
하는 것이다.●

기업 형태와 재원 마련의 다양성

　대항력은 여러 종류가 있다. 프랑스의 대다수 신문사가
주식회사인 반면, 라디오 채널의 3분의 2 이상은 비영리 성
격을 띤다. 좀더 넓게 보면, 경제 부문에는 다양한 형태의
기업들이 있다. 세계적 명성의 미디어 그룹 중에는 (뉴욕타
임스 컴퍼니같이) 상장한 경우가 있으나, 상장한 대학은 거
의 없다.(과거 미국 내 몇몇 대학이 상장했으나 처참히 실패했
고, 현재로선 대학의 상장은 거의 불가능한 것 같다.)

　대학 기금 규모가 세계 주요 은행의 자기자본 규모를 훨

● 다음 두 권을 참고할 것. Pierre Rosanvallon, *La Contre-démocratie. La
politique à l'âge de la défiance*, Paris, Seuil, 2006; *La Légitimité démocratique.
Impartialité, réflexivité, proximité*, Paris, Seuil, 2008.

씬 뛰어넘는 세계 유명 대학들(하버드대, 예일대, 프린스턴대의 경우 300억 달러 이상)은 모두 비영리 재단의 형태를 띠는데, 그 누구도 대학을 주식회사로 전환해야 한다고 생각하지 않는다. 미국을 포함한 모든 국가에서 대학의 연구계약금이나 등록금은 물론, 대학의 자율권을 침해하지 않는 범위 내에서 공적자금 역시 재원 마련에 매우 중요한 역할을 한다. 연구소, 연극, 영화, 각종 제작사, 초중등학교 역시 다양한 형태를 띠고, 운영, 재원 마련, 권력 분배 방식에 있어서 각자 다양한 모습을 지닌다.

이렇다보니 판매와 광고를 통해 스스로 재원을 조달하는 주식회사 모델이 21세기 미디어 기업에 적합하다고 생각할 이유가 전혀 없다. 오히려 이와는 반대로, 전 세계 지식경제 부문의 특징인 기업 형태의 다양성을 배우고 혁신을 이뤄야 한다는 분위기가 형성되었다.

주식회사 모델은 오늘날 미디어가 직면한 도전과제를 해결하는 데 아무런 도움이 되지 않았기 때문이다. 주식회사 모델을 도입한 미디어는 경쟁이 심화되자 비용을 절감하고, 무엇보다 취재 인력을 대폭 줄여야만 했는데, 차라리 지속적인 투자와 품질 향상을 선택하는 게 나았을 것이다. 주식회사 모델은 미디어가 뉴스를 점점 등한시하고 인포테인먼트, 심지어 단순 오락성 엔터테인먼트에 치중하도록 만들었다. 엔터테인먼트 콘텐츠는 저비용으로도 생산이 가능한 데다가 높은 광고 수입을 올릴 수 있고, 점점 더 많은 개인이 진실된 정보에 접근하는 것을 완전히 차단한다.

여기에서는 특정 TV 프로그램에 대해 가치 평가를 하거나 읽을 만한 '진지한' 기사와 오락성 기사를 구분하려는 게 아니다. 뉴스든 엔터테인먼트 콘텐츠든 본질적으로 '우수한' 것은 없다. 하지만 학교 교육을 통해 기본 능력과 지식을 누구나 익힐 수 있듯이, 뉴스라는 공공재도 '누구나 접할 수 있어야 한다.' 그러므로 우리는 뉴스가 계속 생산될 수 있도록 해야 한다. 뉴스 생산에 대해서도 다시 한번 생각해봐야 할 것이다.

뉴스란 무엇인가?

여기서 잠시 기자들이 생산하고, 공공재로 여겨지는 뉴스의 개념을 짚고 넘어가자. 뉴스란 무엇인가? '종합일간지'나 해당 인터넷사이트에 실린 기사를 말하는가? 종이신문을 발간하지 않는 온라인 전문 매체가 인터넷사이트에 게재한 기사를 말하는가? TV 뉴스 방영 중 소개되는 현장보

도를 말하는가? 라디오 아침 방송에서 소개되는 단독 인
터뷰를 말하는가? 블로그 포스트를 말하는가? 트윗을 말
하는가? 인스타그램에 올린 사진이나 유튜브에 올린 동영
상을 뉴스로 볼 수 있는가? 이 모든 게 뉴스인가? 이 중 뉴
스에 해당되는 것은 하나도 없는가?

  시리아 국경지대에서 알카에다와 이슬람국가 간의 충돌
을 다룬 뉴욕타임스의 기사가 뉴스라는 사실에는 모두 동
의할 것이다. 반면 여러 미디어는 로열베이비의 탄생 소식
을 뉴스라고 판단한 것 같지만 이를 과연 뉴스로 볼 수 있
는지 의문을 제기할 수 있다. 밸런타인데이에 대통령 영부
인이 남긴 애정 어린 트윗은 뉴스로 볼 수 있을까? 어떤 마
법이 가해지면 일개 트윗이 뉴스로 변신하는가? 바로 뉴스
통신사의 선별 작업이 모든 것을 좌우한다. 뉴스통신사의
역할이란 확인된 정확하고 온전한 뉴스를 신속하게 제공하
는 것이다. 그래서 간혹 소문이나 풍문에 불과했던 소식이
뉴스통신사의 통신문에 소개되어 곧바로 뉴스로 변신하고,
다른 미디어를 통해 확산되거나 분석되기도 한다.

  계속해서 뉴스의 정의―이를 근거로 국가 지원을 일부
받을 수 있으므로 중요하다―를 살펴보면, 프랑스 법에서
는 '시사와 연관된 보도 목적의' 독창적 콘텐츠를 뉴스라고

본다. 무엇보다 어떤 '사실'을 뉴스로 변신시키는 기자의 일을 뜻한다. 이는 뉴스를 정의하는 첫 번째 목적이기도 하다. 뉴스를 정의하는 것은 뉴스 생산자를 정의하는 것이다. 뉴스 생산자란 바로 기자다. 디지털 문화, 실시간 뉴스, 블로그와 사회관계망서비스를 늘 접하는 우리는 간혹—어리석게도—인터넷 사용자만큼의 기자가 있을 것이라고 생각한다. 그리고 기자는 직업이라는 사실을 잊는다.

기자와 기자증

(진짜) 기자와 아마추어 블로거는 어떻게 구별할 수 있을까? 프랑스에서는 우선 기자증으로 구별할 수 있다. 기자증 발급위원회CCIJP는 1936년부터 기자들에게 1년 단위로 기자증을 발급한다. 프랑스에서 정식 기자로 활동하려면 위원회로부터 반드시 기자증을 발급받아야 한다. 기자증이 있으면 공공행사 취재가 용이하고, 일부 세제 감면 혜택을 받을 수 있다.

프랑스 노동법에 따르면, 기자란 "한 곳 이상의 언론사, 정기간행물 발행사 또는 뉴스통신사에서 정기적으로 근무해 주요 수입을 얻는 자"다. 이 정의만 봐도 기자가 어떤 직업인지 잘 알 수 있다. (국립기자노조에서 채택한) 기자직업 윤리헌장Charte d'éthique professionnelle des journalistes을 보면, "저널리즘이란 양질의 뉴스를 찾아 이를 확인하고, 맥락을 파악하고, 중요도를 정하고, 형태를 부여하고, 해설을 첨부해 보도하는 것"이라고 규정한다.

기자 수의 변화

2013년 약 3만7000장의 기자증이 발급되었다. 이는 많은 걸까, 적은 걸까? 이 수치는 프랑스 노동인구의 0.14퍼센트에 해당된다. 다른 나라와 비교해보면, 미국의 기자는 17만 명으로 미국 노동인구의 0.12퍼센트에 해당되고, 독일의 기자는 7만 명으로 독일 노동인구의 0.18퍼센트에 해당된다. 기자 수로만 보면 세 나라가 서로 비슷한데, 기간을 넓게 잡으면 서로 어떻게 다를지 궁금해진다.

프랑스에서는 리베라시옹의 창간과 함께 기자 수가 늘어났고, 절대적인 수치로 보나 노동인구 대비 수치로 보나 증가세는 2000년대까지 이어졌다. 21세기로 접어들면서 사상 처음으로 기자 수가 3만5000명을 돌파했으나 돌연 감소했고, 이후 소폭 증가와 감소를 반복하며 정체기에 접어들었

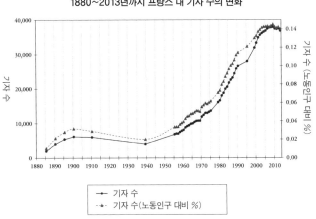

그림 1
1880~2013년까지 프랑스 내 기자 수의 변화

다.(그림 1)

기자 수가 오랜 기간에 걸쳐 증가한 것은 현대 사회에서 저널리즘, 즉 뉴스와 미디어의 영향력이 점점 커지고 있음을 증명하는가? 아니면 (요구 자격 조건이 높아졌다는 의미에서의) '지적' 직업군의 중요성을 반영하는 것일까? 그러나 충격적인 것은, '고급 및 지적 직업군 종사자' 중 기자의 비중은 1965년부터 사실상 낮아지고 있다는 사실이다.* (그림 2)

현대 사회가 상대적으로 복잡하다는 것을 감안하면, 현재 기자 수는 50년 전에 비해 적다. 세상이 복잡해질수록

• 프랑스에는 1954년 인구조사 이전까지 '고급 및 지적 직업군'이라는 개념이 없었다.

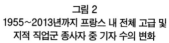

그림 2
1955~2013년까지 프랑스 내 전체 고급 및
지적 직업군 종사자 중 기자 수의 변화

기자의 역할은 더욱 필요하다고 볼 수 있다. 실제로 기자의 일이란 부분적으로는 지식경제의 다른 주역들이 생산한 지식과 문화재화를 최대한 많은 이가 접할 수 있도록 보급하는 것이다. 이런 중개 역할을 하는 기자가 점점 줄어든다면 이 일을 대체 누가 해야 하는가?

게다가 기자 수가 급증한 이후 주춤했다가 감소하는 현상 이면에는 기자라는 직업의 대변화가 진행되고 있다. 그리고 신문사에서 일하는 기자가 점점 줄어들고 있다.

기자라는 직업의 대변화

현재 프랑스 기자 중 66퍼센트는 신문사에서 일하고 있다. 1964년만 해도 90퍼센트 이상이 신문사에서 일했다. (전국 및 지역) 종합일간지에서 일하는 기자는 22퍼센트 미만으로, 1960년대에는 종합일간지에서 일하는 기자가 50퍼센트 이상이었으나 이후 급감하면서 이런 결과를 낳았다. 이 같은 감소세와 더불어 신문사 내 기자의 활동 영역이 다양화된 것 역시 충격적이다. 실제로 인터넷 매체에 배치되는 신문기자가 늘어나고 있고, 인터넷 보급 이후에는 더욱 많아지고 있다. 프랑스에서 일간지에서 근무하는 기자는 2007년부터 1000명 가까이 감소했다.

이 같은 일간지 기자의 감소는 프랑스만의 일이 아니다. 미국의 경우, 1990년부터(이때에는 기자 수가 5만7000명에 달했다) 일간지 기자가 감소하고 있다. 현재는 3만8000명인데, 이는 1970년대 말(4만3000명)과 비교해도 매우 적은 숫자다. 노동인구와 대비해보면, 1985년부터 일간지 기자 수는 감소하고 있다.(그림 3)

이는 모두 인터넷 때문인가? 그림 3을 보면 일간지 기자의 감소는 2008년 세계 금융위기 때문도, 인터넷 보급 때문도 아니며, 언론사의 감원 때문임을 명확히 알 수 있다.

그림 3
1978~2013년까지 미국 내 일간지 기자 수의 변화

적어도 세계 금융위기나 인터넷 보급 때문이 아닌 것만은 확실하다. 분명 2000년대 말부터 신문사의 위기가 심각해졌다. 인터넷 보급은 일반적인 장기 변화를 가져온 여러 요인 중 하나다. 시간이 흐르면서 미디어 시장 내 신문사의 경쟁 상대는 점점 늘어났다. 초반에는 라디오, 이후에는 텔레비전, 지금은 인터넷이다. 이로써 기자라는 직업이 대변화를 겪고 있는—신문기자는 점점 줄어드는 반면 다른 매체에서 일하는 기자는 점점 늘어나고 있다—이유, 경쟁 상대가 늘어나면서 광고 수입이 완전히 줄어든 신문사가 재

정난을 겪을 수밖에 없는 이유를 이해할 수 있다.

점점 사라지는 신문기자

프랑스의 일간지 기자 수는 전체 노동인구의 0.03퍼센트로, 다른 선진국과 비교해 중간 정도이며, 미국과 이탈리아보다는 많고 일본보다는 적다. 불과 수십 년 전과 비교하면 상대적으로 낮은 수준이다. 전체 노동인구와 대비해보면 미국의 일간지 기자 수는 1980년 이래 절반으로 줄었다.

전체 기자 수만으로는 각 신문사의 규모가 얼마나 축소되었는지 잘 알 수 없다. 전체 기자 수가 감소한 이유는 단지 폐간된 신문이 많아서만은 아니다. 많은 신문사에서 취재인력을 감원한 이유도 있다. 스페인의 엘 파이스El País는 2012년 기자 440명 중 129명을 해고했다. 미국의 경우, 2013년 한 해 동안 클리블랜드의 플레인딜러는 50명을, 포틀랜드의 디오리거니언은 35명을 해고했고, 심지어 개닛도 기자 400명을 내보냈고, 트리뷴컴퍼니(현 트리뷴미디어컴퍼니—옮긴이)는 약 700개의 기자직을 없앴다고 발표했다. 미국신문편집인협회의 연례 조사에 따르면, 2013년 1400개의 일간지에 약 3만8000명의 기자가 근무해 신문사당 평균

27명이었던 데 비해, 2001년에는 평균 39명이었다.

기자 수 감소가 왜 문제인가? 한 신문사에 기자 100명이 있는 경우와 두 신문사에 기자가 각각 50명이 있는 경우 둘 사이에는 별 차이가 없다고 생각할 수 있다. 두 경우 모두 총 100명의 기자가 뉴스 생산에 투입되고 있기 때문이다. 이에 대해서는 후반부에서 미디어 부문 내 경쟁 제한을 다루면서 좀더 자세히 설명하겠다. 일단 두 경우가 다른 이유는 뉴스 생산의 구조적 문제 때문임을 짚고 넘어가자.

종합일간지 두 개가 있다고 해보자. 두 신문의 정치 성향이 다르더라도 각 신문은 일정 분량의 사회면 기사(이라크 정세 변화, 여름 캠프에서 귀가하던 학생들이 탄 버스 사고, 장관회의 후 기자회견 내용 등)를 매일 실어야 한다. 이를 위해 각 신문사는 소속 기자 중 일부에게 해당 사건의 취재를 맡겨야 하는데, 두 신문사 모두 동일한 뉴스를 다루게 될 테고, 무엇보다 동일한 노력을 들여야 한다. 그러나 다른 사건의 취재나 심층 보도에는 그 어떤 노력도 기울이지 않을 것이다. 심층 분석 기사를 위해서도 동일한 노력을 기울이지는 않을 것이다. 경제적 관점으로 보면 뉴스를 생산할 때 재생산비용 대비 상대적으로 높은 고정비용이 필요하다.

뉴스통신사의 기능이란 위와 같은 불필요한 이중 노력

을 줄이는 것이다. 미국의 AP통신은 뉴스 취재에 드는 노력을 분담하고 효율성을 얻고자 했던 신문사들이 모여 만들었다. 그러나 뉴스통신사로는 일부 문제만 해결 가능하다. 신문사 입장에서 (프랑스의 경우 국가가 AFP통신에 간접적으로 보조금을 지급한다 하더라도) 뉴스통신사의 회원비는 매우 부담스러울 뿐 아니라, 각 신문사는 뉴스통신사가 제공한 통신문을 거의 실시간으로 신문사 사이트에 게재하기 위해 더 많은 노력과 인력을 투입하기 때문이다.

인쇄신문에서 인터넷신문으로

최근 몇 년간 신문사의 취재인력은 축소되는 경향을 보일 뿐만 아니라, 신문사 사이트에 기사를 게재하는 데 점점 많은 기자가 투입되고 있다. 급기야 기존 '기자'와 대비시켜 인터넷에 기사를 쓰는 기자를 '인터넷 기자'로 구분해 부르는 지경에까지 이르렀다. 게다가 이런 구분의 이면에는 인터넷 기자는 젊고 미래가 유망한 반면, 기존의 기자는 이미 지나간 과거로 조만간 자취를 감추게 될 것이라는 고정관념이 자리 잡고 있다.

르몽드는 내부 인사이동 계획에 따라(2014년 5월에 편집국장이 교체되었다) 편집국 인원의 약 6분의 1에 해당되는 종이신문 기자 50여 명을 인터넷 기자로 보직 이동시켰다. 영국의 데일리텔레그래프는 2013년 종이신문 기자 80명을 해고하는 대신 온라인 전문기자 50명을 채용했다. 미국에서는 지난 6년간 약 500개의 온라인 매체에서 전일제 기자 약 5000명을 채용한 반면, 기존 신문사의 일자리는 계속 줄고 있다. 신규 일자리 중에는 당연히 온라인 전문 매체 일자리도 있지만—현재 버즈피드에서 170명, 고커에서 132명, 매셔블에서 70명이 일한다—대다수는 기존 신문사의 인터넷사이트 소속이다. 신문사들은 이미 줄어들 대로 줄어든 자원을 조금씩 '인쇄판'에서 '인터넷판'으로 이동시키고 있다.

여기서 명확히 짚고 넘어갈 게 있다. 필자는 종이신문을 변호하려는 게 아니다. 인쇄판과 인터넷판 중 특별히 무엇을 선호하지 않는다. 분명 인쇄판 신문은 머지않아 사라질 것이고 이 자체는 별 문제가 아니다. 매일의 종교의식을 치르듯 저녁 8시만 되면 텔레비전 앞에 앉는 대신, 팟캐스트나 다시 듣기/보기 서비스로 뉴스를 접하는 사람들이 점점 증가하는 현실과 비교해 큰 문제는 아니라는 뜻이다. 뉴스가 어떻게 소비되는지도 별로 중요하지 않다. 매체가 무엇인지도 별로 중요하지 않다. 게다가 2009년 프랑스는 언론은 종이 매체에 국한되는 게 아니라, 디지털을 매체로 하는 편집 콘텐츠도 언론에 포함된다고 인정했다. 여기에서 중요한 점은 뉴스가—양질의 뉴스가—생산되어야 한다는 것이다. 그런데 우리는 이 점을 자주 간과한다.

물론 전자판 전문기자의 채용이 있었기에 인포그래픽의 발전과 데이터의 적극적 활용 같은 흥미롭고도 다양한 기술 혁신을 이룰 수 있었다. 이제는 단 한 번의 클릭으로 각 도시의 지방선거 결과를 거의 실시간으로 상세히 확인할 수 있다. 쌍방향 링크, 온라인 동영상, 인포그래픽 등은 모두 시사를 좀더 잘 이해할 수 있게 해준다.

그렇다면 이를 위해 어떤 대가를 치렀을까? 디지털 혁명은 자원이 제한된 상태에서 일어났기 때문에 신문사에게 디지털화란 (인쇄판 및 인터넷판을 위한) 양질의 뉴스 콘텐츠를 보완하는 게 아니라 포기하는 방식으로 도입되었을 것이다. 당연히 '종이판' 신문의 기자와 뉴스 생산자가 해고되었고, 이들 대신 정보처리기술자나 자바를 능숙하게 다루는 기자들이 고용되었는데, 이들 신규 기자들에게는 모니터 앞을 떠나 현장에서 취재할 기회가 주어지는 일은 없을 것이다. 인터넷사이트 운영이나 여러 디지털 매체에서 실행 가능한 PDF 파일 제작에 따르는 과도한 비용은 대부분의 경우 탐사보도 비용의 절감을 통해 확보되었다.

미디어 부문 내 경쟁 심화로 발생한 장기 위기 상황에서 진행된 디지털로의 전환은 어떤 결과를 낳았을까? 신문사들이 지출을 줄이기로 결정함에 따라 신문사의 해외지사가 문을 닫았고, 특파원과 대기자가 해고되었을 뿐만 아니라 정치, 지역뉴스 또는 전국뉴스 담당 기자직이 사라졌다. 미디어 한 곳에서 탐사보도 전문기자 한 명을 고용하고 업무를 지원하려면 연간 25만 달러 이상을 지출해야 하는데, 이 기자는 상대적으로 적은 양의 기사만 쓸 수 있다. 에리크 셰레에 따르면, 미국 보스턴글로브는 2002년 미국의 가톨릭 성직자의 성추행 사건을 8개월 동안 취재하면서 100만 달러를 지출했는데, 여기에는 보도 이후 일어난 법정공방에 든 수만 달러의 비용은 포함되지 않았다.*

미국에서는 주 의회 토론에 대한 뉴스를 점점 더 찾아보기 어렵게 되었다. 미국의 의회는 비리로 악명 높은데, 과거에는 지역 언론이 의회의 대항세력으로서 중요한 역할을 했다. 미국 신문사에서 근무하는 해외통신원의 수는 2003년에서 2010년까지 24퍼센트 감소했다. 현재 저녁종합뉴스 시간에 국제 뉴스에 할애하는 시간은 1980년대 말

• 다음을 볼 것. Alex Jones, *Losing the News*, Oxford, Oxford University Press, 2010; Éric Scherer, *A-t-on encore besoin de journalistes? Manifeste pour un journalisme augmenté*, Paris, PUF, 2011.

과 비교해 절반으로 줄어들었다.

　그렇다고 모든 게 부정적인 건 아니다. 온라인 전문 매체 역시 해외 투자를 통해 일자리 창출에 기여했다는 사실은 눈여겨볼 만하다. 바이스미디어는 35개의 해외사무소를 개설했고, 허핑턴포스트는 11개국에 진출해 있고, 쿼츠는 런던, 방콕, 홍콩에 사무실을 두고 있다. 프랑스의 메디아파르는 최근 몇 년간 프랑스의 좌파와 우파의 여러 비리를 폭로하는 데 중요한 역할을 했다.

　하지만 안타깝게도 인터넷 전문 매체는 대중과의 접근성이 떨어진다. 규모가 큰 곳이라고 해봐야 직원 수는 평균 100여 명 정도인데(메디아파르는 50명 이하), 이들 매체가 국내외 뉴스를 풍부하게 다루는 신문사를 대체할 수는 없을 것이다.

콘텐츠의 질적 하락?

　신문이 제공하는 콘텐츠의 품질을 측정하는 것, 즉 특정 미디어가 제공하는 뉴스 품질과 다른 미디어의 뉴스 품질을 비교해 측정하는 것은 어려운 일이다. 게다가 시간이 흐르면서 뉴스의 품질이 어떻게 변하는지 측정하는 것은 더욱 어렵다. 분명 50년 전만 하더라도 미국의 중급 규모 도시에서 발간되는 지역일간지라면 해당 지역 뉴스는 물론 국내외 뉴스를 풍부하게 다뤘다. 그런데 사람들은 어떤 일간지가 '예전의 모습을 잃었다'고 이야기한다. 또한 간혹 과거 자신이 얼마나 언론의 주목을 받았는지, 또 자신이 언론인으로서 어떤 업적을 남겼는지 지나치게 '미화하는' 경향이 있는—잭 켈리, 빌 오렐리, 제이슨 블레어, 브라이언 윌리엄스 같은—스타 언론인들과 관련된 스캔들이 늘어난다고 해서 우리가 접하는 뉴스의 품질을 측정하는 데는 아무 도움도 되지 않는다. 다만 여기에서 유추해야 하는 것은 우리가 접하는 뉴스의 양이 점점 줄고 있고, 이런 흐름은 걷잡을 수 없게 되었다는 것이다.

바로 이 지점이 연구자가 마주치는 한계 중 하나다. 기자 수의 변화를 연구하는 일은 적어도 객관적인 기본 자료를 구축한다는 가치가 있다. 신문의 콘텐츠를 좀더 직접적으로 측정하는 데는 한계가 있겠으나—지면 수를 통해 신문사의 규모를 파악해볼 수 있다—신문 콘텐츠의 양적 변화는 연구해볼 수 있다.

신문사 규모의 변화를 살펴보면, 초반에 해당하는 1950년대 초부터 1990년대까지는 지면 수가 증가세를 보이다가 이후에는 증가세가 조금씩 수그러들면서 2000년대에 접어들어서는 프랑스의 주요 일간지에서, 그리고 몇 년 후에는 전 세계 주요 일간지에서 지면 수가 줄어들기 시작했다.[•]

이 같은 지면 수의 변화 연구에 활자 크기의 변화는 포함시키지 않았다. 64년의 간격을 두고 발간된(1950년 3월 18일과 2014년 3월 18일) 뉴욕타임스의 1면을 비교한 결과는 특히나 충격적이다. 지면 중 여백이 상당히 늘어났을 뿐만 아니라, 활자 크기도 매우 커졌고, 사진이 글을 대체했다.[••] 또 지면 수의 변화 연구 시 신문 판형 축소 또한 포함시키지 않았다. 1965년부터 현재까지 프랑스의 신문과 잡지의 판형은 과거에 비해 3분의 1 이상 축소되었다. 예를 들어 라크루아는 43×60에서 29.5×42.7로, 르피가로는 40.5×60에서 35.5×45.5로 축소되었다. 월스트리트저널, 워싱턴포스트, 로스앤젤레스타임스 등 수많은 미국 신문의 판형 축소 움직임에 이어 뉴욕타임스 역시 2006년에 판형을 대폭 축소해, 뉴스에 할당된 지면이 무려 5퍼센트나 사라졌다.[•••]

확실히 신문과 잡지는 특별면을 늘리는 경향이 있었다. 뉴욕타임스의 일요판은 (예술과 취미, 여행, 스포츠, 스타일,

---

• 온라인 부록의 그림 A.1을 볼 것.
•• 비교에 사용된 두 신문의 1면은 온라인 부록에서 확인할 수 있다.
••• 판형은 과거 대비 약 11퍼센트 축소되었지만, 지면 수를 늘리면서 어느 정도 상쇄되었다. 다음을 참고할 것. Katharine Q. Seelye, 'Times to Reduce Page Size and Close a Plant in 2008,' *The New York Times*, July 18, 2006.

부동산, 자동차 등을 다룬) 특별면을 15면까지 제공했고, 주중에도 10면 내외의 특별면을 제공했다. 하지만 르몽드의 잡지인 엠, 타임의 더타임스매거진, 호주 시드니모닝헤럴드의 굿위켄드를 따라 만든 뉴욕타임스 특별면 역시 광고가 목적이고, 특별면에는 일반 뉴스만큼의 엔터테인먼트 뉴스가 실린다.

정리하자면, 판형 축소는 기자들의 급격한 생산성 저하와는 관련이 없고, 오히려 신문사에서 일하는 기자 수의 감소, 대부분의 경우 기자들에게 제공되는 자원과 관련 있음을 강조하고 싶다. 이것이 핵심이다. 기자 수가 줄어드는 건 어쩔 수 없지만 이런 현상은 생산성 증가라고 여기는 사람들(이들 대다수는 경제학자다)이 얼마나 많은가? 이들의 생각을 달리 표현하면 이렇다. "이건 희소식입니다. 각 기자는 짧은 시간 내에 더 많은 기사를 생산해낼 것입니다. 신문사 입장에서는 취재인력을 줄임으로써 비용을 줄이고 수익성을 높일 수 있습니다! 모두 기술 발전 덕분입니다!" 하지만 불행히도 이들은 현재 진행 중인 대변화의 실상, 즉 신문사들은 '뉴스의 품질을 포기하면서' 비용을 줄이고 있음을 전혀 파악하지 못하고 있다.

소위 '생산성 향상 이론'을 말할 때에는 프랑스의 부정적인 면이 언급되곤 하는데, 프랑스 신문사가 얼마나 형편없는지 부각되는 반면 영미 언론사는 극찬받는다. 그런데 이는 시장 규모가 다를 수밖에 없기 때문에 뉴욕타임스의 기자 수(현재 1000명 이상)가 르몽드보다 약 네 배 더 많다는 사실을 간과하는 것이다. 전 세계 신문 전체를 대상으로 비교한다면, 지면 수와 기자 수 사이에 매우 깊은 상관관계가 있음을 알 수 있다.

물론 '로봇 기자'의 출현을 꿈꿔볼 수 있고, 실제로 미국에서는 기업의 결산자료나 결혼 소식을 알리는 기사 작성 시 이미 로봇 기자가 사용되고 있다. 그런데 '로봇 기자'는 뉴스 애그리게이터와 같은 방식으로 활동한다. 즉, 제3자가 생산한 뉴스를 인터넷상에서 수집해 활용한다. 따라서 신문 기자가 없으면 뉴스도 없다는 사실을 알아야 한다.

온라인 콘텐츠의 증가?

그런데 우리는 종이신문에 초점을 맞추면서 생산되는 뉴스의 실제 양은 과소평가하고 있지 않은가? 이는 매우 위험한 일이다. 어떻게 해서 지면 수를 줄이는 대신 온라인 콘텐츠를 생산하게 되었는지 알아야 한다. 사실 요즘에는 온라인 콘텐츠의 비중이 점점 더 늘어나고 있는데, 이는 인터넷 트래픽을 높이려는 전략 때문이기도 하지만 비용 때문이기도 하다. 기자들의 노력은 별개로 하고, 지면 수 증가는 곧 생산비(인쇄비, 종이구입비, 유통비) 증가를 의미하는데, 인터넷 기사를 작성할 경우 한계비용은 제로다.

주요 종합일간지의 인터넷사이트를 주의 깊게 살펴보면 온라인 콘텐츠 중 뉴스통신사의 통신문이 얼마나 큰 비중을 차지하는지 새삼 놀라게 된다. 온라인에서의 핵심은 수십 년 전처럼 누가 먼저 특종을 잡느냐가 아니라, 누가 먼저 기사를 올리는가, 즉 갓 올라온 단순 트윗이 아닌 AFP통신, AP통신 또는 로이터통신 기사를 누가 먼저 재빨리 복사해 붙여 넣는가가 되었다. 이는 기자들이 해를 거듭하면서 자기 입맛에 맞는 짜깁기 방법을 터득했기 때문이 아니라, 무료 뉴스가 실시간으로 재생산되는 사회에서 (탐사보도에 필요한 비용을 투자해가면서까지) 특종을 터뜨려야 한다는 분위기가 점차 사라졌기 때문이다.

19세기 미국 신문사들은 단독 보도에 열을 올렸는데, 단독 보도를 하면 그날 하루 종일 해당 뉴스를 독점하는 셈이었고, 신문은 날개 돋친 듯 팔렸다. 오늘날 신문사들이 중시하는 것은 단 하나의 뉴스도 놓치지 않는 것, 독자가 다른 사이트로 이동하기 전에 미처 편집도 하지 않은 통신문을 원문 그대로 온라인에 게재하는 것이다. 이에 신문사 웹사이트들의 편집장으로서 구글 뉴스의 역할은 점점 확대되고 있다. 뉴스통신사의 통신문을 실시간으로 보도하는 데 큰 노력을 할애하는 것만으로는 만족하지 못하는 신문사 웹사이트들은 일정 간격을 두고 동일한 기사를 게재하는 것을 선호하는 경향을 보인다. 다만 기사의 조회를 용이하게 하기 위해 제목이나 리드를 약간 수정한다.•

인터넷 보급 이전에 존재했던 모든 미디어가 그랬듯, 인터넷 또한 종이신문에 크게 의존한다는 것을 잊지 말아야 한다. 마리오 바르가스요사에 따르면 1950년대 페루의 라디오파나메리카나의 주요 뉴스는, '뉴스국장'이라는 화려한 이름으로 불리던 핵심 인물인 바르기타스Varguitas의 주도 아래 페루 일간지인 엘코메르시오나 라프렌사의 기사들을 재탕한 것에 불과했다.•• 또 프랑스의 저녁종합뉴스 아나운서는 르몽드를 무릎 위에 올려놓고 진행한다는 설이 사실처럼 굳어졌다. 구글의 전 CEO인 에릭 슈밋조차 "신문사, 잡지사, 뉴스통신사는 반드시 성공해야 한다. 우리는 콘텐츠가 필요하기 때문이다"••••라고 시인한 바 있다.

뉴스 애그리게이터는 앞으로 어떤 식으로 보도를 할지

• 신문사들의 온라인 보도 방식에 대해 자세히 알고 싶다면 다음을 볼 것. Julia Cagé, Nicolas Hervé & Marie-Luce Viaud, *The Production of Information in an Online World*, Document de travail Sciences Po Paris, 2015.
•• Mario Vargas Llosa, *La tia Julia y el escribidor*, Barcelona, Seix Barral, 1977. (프랑스어판: *La Tante Julia et le Scribouillard*, Paris, Gallimard, 1977)

결정해야 할 것이다. 독자적인 콘텐츠 보도를 위해 2013년
에 뉴욕타임스 출신 기자를 여럿 고용했고 현재는 기자 수
가 50명에 이르는 야후뉴스는 좋은 예다. 종이신문에 게재
할 법한 고급 뉴스를 온라인용으로 생산하고 있는 메디아
파르나 폴리티코 같은 인터넷 전문 매체도 좋은 예다. 지금
도 여전히 미국의 인터넷사이트, 블로그, 사회관계망에 있
는 링크 중 80퍼센트는 전통적인 미디어로 연결된다.

　일부 사회평론가에 따르면, 이런 걱정스러운 상황은 다
름 아닌 미디어 탓으로, 미디어는 최근 몇 년간 수많은 실
수를 저질렀고, 새로운 세상에 적응하는 것을 거부했다. 내
분석도 이와 별반 다르지 않다. 미디어는 자신에게 적합한
경제 모델을 찾지 못했는데, 오늘날 뉴스가 겪고 있는 위기
를 분석하지 않고 여전히 과거의 방식을 답습하고 있기 때
문이다.

••• 다음 책에서 인용. Ignacio Ramonet, *L'Explosion du journalisme. Des médias
de masse à la masse des médias*, Paris, Galilée, 2011.

2장

허상의 종말

뉴스는 위험에 처했다. 신문사는 디지털화와 전면 무료화로 인해 사망 직전에 처했을 뿐만 아니라, 라디오나 TV 등의 여타 미디어가 생산한 뉴스도 위협을 받게 되었다. 뉴스를 생산하는 신문기자들은 사라지고 있는데, 우리는 지금껏 아무 대응도 하지 않고 있다. 우리는 왜 이렇게 수동적으로 대처하고 있는가?

미디어의 위기가 우리 눈에 보이지 않아서가 아니다. 오히려 미디어의 위기는 시사의 핵심을 이루는 경우가 많다. 하지만 우리는 미디어가 위기에 처한 이유를 제대로 이해하지 못하고 있다. 대부분의 경우 '종이의 죽음' 때문이라고 몰아가지만, 중요한 것은 매체가 아니라 콘텐츠다. 유료 결제 때문이라고 주장하는 사람도 있다. 그렇다면 기사 낱개 구매를 우선시해야 할까? 무료 서비스와 유료 서비스를 결합해야 할까? 아니면 처음부터 '온라인 뉴스 유료화'(페이월paywall)를 내세워야 할까? 각종 변수를 모두 충족시키는 게 쉽지 않다는 것을 인정하고 해결책을 찾다보면 뉴스 콘텐츠의 품질과 미디어의 구조적 문제는 자연히 잊게 된다.

미디어는 '혁신적인' 가격 정책을 통해 새로운 광고 수입을 쥐어짜내려고 매일같이 얼마나 많은 에너지를 쏟아붓고 있는지 모른다. 그런데 이런 식으로는 절대로 광고 수입을 짜낼 수 없을 뿐만 아니라, 원래 있던 수입마저 소진하게 된다. 이것이 첫 번째 허상인 광고의 허상이다. 경쟁의 허상, 미디어가 지원을 받는다는 허상, 미디어의 새로운 도금시대가 도래한다는 허상과 더불어 광고의 허상을 살펴봄으로써 왜 지금껏 미디어의 위기에 대응하는 적절한 해결책을 찾지 못했는지 알 수 있다.

언론 광고의 탄생

미디어는 '압박을 받고 있다.' 미디어는 '상품화되었다.' 어떤 사람들은 미디어가 직면한 가장 큰 위험은 광고 압박이라고 생각한다. 광고주의 비위를 맞춰 예산 운용에 필요한 수입원을 잃지 않기 위해 언제든 '보유 인력의 시간'을 광고

주에게 팔아넘기거나 기사 내용 일부를 수정할 준비가 되어 있는 신문사는 다른 미디어처럼 광고주의 손아귀에서 절대로 벗어날 수 없을 것이라고 여겨진다.*

반면, 광고는 미디어의 독립성을 보장해줄 수 있고, 미디어의 위기를 타개하기 위한 유일한 해결책은 새로운 광고 수입원을 찾는 것이라고 생각하는 사람들도 있다. 이들은 광고란 미디어가 또다시 비리의 온상이 되는 것을 막기 위한 수단일 뿐이라고 말한다. 하지만 광고의 힘은 약해지고 있고, 이런 추세는 당분간 이어질 것 같다. 그렇다고 해서 광고주로부터의 독립이라는 문제가 조금이나마 해결되는 것은 아니다. 광고 수입은 하루가 지날수록 줄어드는데도 신문사들은 여전히 광고 수입을 추구하고 있다. 최근의 사건만 봐도 그렇다. 피터 오본은 2015년 초에 영국 일간지인 데일리텔레그래프를 요란하게 퇴사했다. 오본은 데일리텔레그래프가 주요 광고주 중 하나이자 스위스리크스 사건에 연루되었던 HSBC의 심기를 건드리지 않기 위해 스위스리크스 사건을 보도하지 않은 데 반기를 품고 사직한 것이었다.

광고는 영국과 프랑스의 신문사에게 재정적 안정, 정치적 권력에 대한 약간의 독립성을 오랫동안 보장해주었다.

• 다음을 볼 것. André Schiffrin, *L'Argent et les Mots*, Paris, La Fabrique, 2010; Robert McChesney&John Nichols, *The Death and Life of Great American Newspapers*, Philadelphia, Nation Book, 2010.

영국에서는 1785년 창간된 광고 매체인 데일리 유니버설 레지스터가 종합일간지로 변하면서 1788년에 타임이 세상에 첫선을 보이게 되었다. 1800년이 되자 타임의 1면은 광고로 채워졌고, 그 덕분에 재정적 안정을 확보했다. 프랑스에서는 정치적 결정에 따라 이보다 약간 늦은 시기에 신문 광고가 등장했다. 신문의 우편료를 무게가 아닌 지면 수를 기준으로 계산해 기존 대비 2.5배 상향 조정하는 것을 골자로 하는 1827년 3월 15일자 프랑스 우편법에 대응하기 위해 신문사들은 판형을 키우는 대신, 추가로 발생하는 종이구입비와 우편료를 메꿔줄 광고를 받아들이기로 결정했다.•

신문사들은 광고를 통해 신문 가격을 상당히 낮출 수 있었고, 좀더 넓은 지역에 신문을 배포할 수 있었다. 프랑스에서는 현대 미디어 경제 모델의 창시자로 1836년 라프레스를 창간한 에밀 드지라르댕을 거론하곤 한다. 드지라르댕은 신문 가격을 낮춘 대신(당시 다른 파리 지역 정치일간지의 연 구독료가 80프랑이었던 반면, 라프레스의 연 구독료는 40프랑이었다) 거액의 광고 수입으로 이를 메꿨다.

미국에서는 일반 대중을 대상으로 한 일간지들이 모두 같은 시기에 창간되었고, 아직까지도 광고 수입에 크게 의

• Patrick Eveno, *Histoire de la presse française. De Théophraste Renaudot à la révolution numérique*, Paris, Flammarion, 2012.

존하고 있다. 최초의 '페니페이퍼penny paper'인 뉴욕선은 1833년에 창간되었고, 불과 몇 달 만에 뉴욕 내 모든 신문 중 가장 많이 발행되는 신문이 되었다.* 1830년만 해도 미국의 일간지는 65종으로 하루 평균 1200부가 발행되었는데(전체 발행부수는 7만8000부), 10년 뒤에는 138종으로 늘어났고, 하루 평균 발행부수는 2200부로 전체 발행부수가 30만 부에 이르게 되었다. '페니페이퍼'의 성공 요인은 초저가 정책에 따른 대량 발행과 신문 판매에서 발생하는 거액의 광고 수입이었다.

그래서 사람들은 이를 미국 신문의 '황금기'(도금시대)─이에 대해 나중에 다시 언급하겠다─라고 부른다. 미국 신문은 광고 덕에 독립성을 얻었고, 정당이나 대기업의 후원을 받지 않아도 되었으며, 이전까지는 '부패된' 것으로 알려졌으나 마침내 '객관적'이라는 평판을 얻었다.

그렇다면 광고는 언론의 자유를 보장하는가? 이후 모든 미디어는 광고의 허상에 현혹되었는데, 이런 현상은 영미권에서 특히 두드러졌다. 그런데 문제는 오늘날 광고는 더 이상 미디어를 먹여 살릴 수 없다는 것이다.

• Michael Schudson, *Discovering the News. A Social History of American Newspaper*, Basic Books, London, 1981.

광고의 허상

우리는 오랫동안 광고 시장은 무한 확장될 것이라고 믿었다. 그러나 최근 수년 전부터 광고 시장의 성장세는 대다수 선진국에서 급격히 둔화되었다. 그림 4는 1980년부터 독일, 미국, 프랑스에서 각국의 GDP 대비 총광고비(신문, TV, 라디오, 인터넷 같은 모든 광고 매체)의 변화를 나타낸다.* 미국의 광고비는 다른 선진국의 광고비를 모두 합친 것보다 더 많고 그 액수는 여전히 GDP의 0.9퍼센트 이상이어서(조지 오웰이 말한 광고의 정의를 빌리면) '막대기로 돼지여물통 치기' 1인자인 게 확실하나, 풍요의 시대는 매디슨 가에서 끝을 맞이한 것 같다.

미국의 GDP 대비 광고비는 2000년부터 감소하고 있을 뿐만 아니라, 2000년을 제외하면 이후의 광고비는 1987년 수준에 못 미치고 있다. 지난 20년 동안 미국의 광고비는 GDP 대비 0.5퍼센트포인트 감소해, 2010년부터는 광고비가 안정된 것처럼 보이나 광고비 지출이 다시 늘어날 것 같지는 않다.

프랑스와 독일에서 광고비는 항상 상대적으로 낮은 수준을 유지했다. 프랑스의 광고비는 GDP의 0.9퍼센트를 넘어서는 일이 절대로 없었고, 독일의 경우 미국과 비교해 꽤

• 오스트리아, 벨기에, 캐나다, 덴마크, 핀란드, 이탈리아, 일본, 네덜란드, 스웨덴의 총광고비 변화는 온라인 부록에서 찾아볼 수 있다. 여기에서 언급된 모든 수치는 세계광고조사센터World Advertising Research Center(WARC)의 데이터베이스인 ADSPEND를 사용했다.

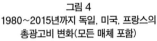

그림 4
1980~2015년까지 독일, 미국, 프랑스의
총광고비 변화(모든 매체 포함)

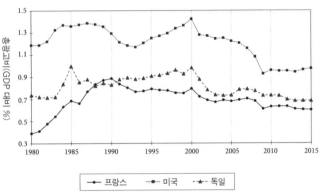

낮은 수준을 유지하고 있다. 하지만 양국에서 미국과 똑같은 감소세가 포착되고 있다. 프랑스의 광고비는 1980년부터 1990년까지 크게 늘었다가(10년간 두 배 이상으로 늘어났는데, 사실 프랑스의 광고비는 다른 나라들과 비교해 상대적으로 낮은 수준에서 시작했다), 이후 광고비 지출은 계속 줄어들고 있다.(GDP 대비 0.3퍼센트포인트 이하) 독일의 경우 2000년부터 광고비가 크게 줄었는데, 30년 전인 1985년에 이미 GDP 대비 광고비가 정점을 찍었다. 세계 다른 나라에서도 이와 유사한 감소세가 관찰된다.*

• 온라인 부록 그림 A.2부터 A.10을 볼 것.

광고의 비중이 줄어든 데에는 여러 이유가 있다. 신기술이 발전하면서 등장한 '다이렉트 마케팅'으로 친숙하지만 효율성은 낮은 광고가 등장했다. 또한, 사용 가능한 광고 공간이 많아지면서―트위터나 페이스북 같은 사회관계망 서비스로 광고가 확대되면서 광고 공간에 대한 공급이 수요보다 크게 늘어났다―광고비가 큰 폭으로 줄어들었다. 미디어는 많은 공간을 광고에 할애하고 있는데도 광고 수입은 줄어들고 있다.

어려움에 처한 미디어는 저널리즘 윤리의 관점에서 보면 진보적이면서도 위험한 혁신을 꾀하기도 했다. 대표적인 예로 네이티브 광고native advertising가 있다. 네이티브 광고란 사용자 경험을 기반으로 소비자에게 광고 콘텐츠를 제공하는 광고 포맷으로, 구글 스폰서 링크에서 착안해 광고 콘텐츠가 편집국에서 작성된 것처럼 보이게 하거나 다른 콘텐츠에 자연스럽게 녹아들도록 모든 방법을 동원한다. 이에 대해서는 나중에 다시 언급하겠다.

점점 줄어드는 광고

이렇게 해서 광고 수입뿐만 아니라 전체 광고비 중 언론 광고의 비중도 줄어들었는데, 이런 현상은 꽤 오래전부터 포착되었다. 광고의 종말 또한 신문의 위기와 마찬가지로 인터넷 보급 후 시작된 게 아니다. 신문의 경우 라디오와의 경쟁이 시작되면서 첫 번째 타격을 입었고, 이후 TV에 광고가 도입되면서 두 번째 타격을 입었다.

프랑스는 다른 선진국보다 한참 뒤늦은 (미국은 1941년, 영국은 1955년, 독일은 1956년, 스페인과 이탈리아는 1957년) 1968년이 되어서야 처음으로 TV 광고를 도입했다.[*] 초기에 언론 전체의 거센 반발이 있었는데, TV 광고를 신문사의 힘을 약화시켜 뉴스의 통제를 강화하려는 드골파 정권의 새로운 수단으로 보았기 때문이다. 이는 퐁피두 내각의 의도이기도 했고, TV 광고 도입 후 광고비 중 신문의 비중이 크게 줄어들기 시작했다. 초기에는 전국 일간지에서, 나중에는 신문 전체에서 광고비가 크게 줄었다.[**]

그렇다면 이 대변화는 어떤 결과를 가져왔을까? 신문사의 광고 수입 구조가 붕괴되었다. 이는 비단 프랑스만의 문제가 아니다. 그림 5에서 보듯이, 미국에서는 1955년부터 GDP 대비 광고 수입이 꾸준히 감소하고 있다. 절대치로 보더라도 2005년부터, 즉 미디어의 위기가 시작되기 훨씬 전부터 계속 감소하고 있다.[***]

[*] 전반적인 내용은 다음을 볼 것. Sylvain Parasie, *Et maintenant, une page de pub. Une histoire morale de la publicité à la télévision française*, Paris, INA Éditions, 2010.

[**] 다음을 볼 것. Charles Angelucci & Julia Cagé, *Newspapers in Times of Low Advertising Revenues*, Document de travail Sciences Po, 2014.

[***] 온라인 부록의 그림 A.11을 볼 것.

그림 5
1950~2013년까지 미국 신문사의 광고 수입 변화

세로축: 신문사 광고 수입(GDP 대비 %)

게다가 신문사의 수입 중 광고 수입이 크게 줄었다. 미국에서는 2000년대 초반부터 말 그대로 바닥으로 추락했는데, 머지않아 미국 신문사의 총수입 중 광고 수입은 절반에도 미치지 못할 것이라고 생각할 수밖에 없다.(그림 6)

실제로 뉴욕타임스가 이런 경우인데, 2010년부터 광고 수입의 비중은 미미하다. 총매출액 증가는 거의 대부분 구독자 증가로 인한 것이다. 프랑스의 경우, 지난 40년 전과 비교해본다면, 신문사의 총매출액 중 광고가 절반 이상을 차지했던 적은 단 한 번도 없다. 2000년부터는 광고 비중이 (과거 45퍼센트 이상에서 정확히 35퍼센트로) 10퍼센트포

그림 6
1956~2013년까지 미국 신문사 매출액 중 광고의 비중 변화

─●─ 전체 광고(종이신문, 온라인신문)의 비중(매출액 대비 %)
─▲─ 종이신문 광고의 비중(매출액 대비 %)

인트 이상 감소했다.

21세기에 접어들면서 온라인 광고가 등장해 미국 신문사의 총수입 중 광고 수입이 상대적으로 일정 수준을 유지할 수 있었다 할지라도, 2006년부터는 온라인 광고를 포함한 전체 광고가 크게 줄어들었다는 것은 꽤 흥미롭다.

바로 이런 이유 때문에 미디어는 광고의 혁신을 꾀하겠다는 강한 의지를 갖게 되었다. 이 혁신의 부정적인 측면은 '네이티브 광고'에 점점 더 의존하게 되었다는 사실이다. 이제는 대표 미디어도 주저 없이 네이티브 광고를 하고 있다.(초반에는 버즈피드 같은 미디어만 했는데, 버즈피드의 2013년 수익 거의 대부분이 네이티브 광고에서 발생했다.) 뉴욕타임스의 경우―뉴욕타임스는 네이티브 광고를 처음부터 반대한 신문사 중 하나로, 2013년 칼럼니스트 데이비드 카는 여러 지면을 할애해 네이티브 광고는 '저널리즘의 새로운 위기'라고 말하며 맹렬히 반대했다⁺―2014년 1월부터 처음으로 델Dell의 후원을 받아 '페이드 포스트Paid Posts' 코너에서 네이티브 광고를 실행 중이다. 이후 네이티브 광고는 계속 늘어나 현재 디지털판 총수익 중 네이티브 광고 수입은 10퍼센트로 추정되며, 이를 규제하지 않는 한 향후 네이티브 광고 수입은 크게 늘어날 것으로 예상된다. 새롭게 등장한 매체도 예외는 아니다. 복스미디어는 최근 '코러스 포 애드버타이저Chorus for Advertisers'라는 코너를 신설한다고 발표했는데, 광고주는 이 코너에서 네이티브 광고를 할 수 있다. 폴리티코 역시 같은 시기에 '폴리티코 포커스Politico Focus'라는 코너를 신설했다.

　그러나 미디어에서 문제가 되는 것은 온라인 광고 시장의 약세뿐만이 아니라―미국 온라인 광고 시장의 규모는 430억 달러다―소수 기업의 시장 점유율이 점점 높아진다는 사실이다. 현재 미국 온라인 광고 시장의 절반은 인터

⁺ 'Storytelling Ads May Be Journalism's New Peril,' *The New York Times*, September 15, 2013.

넷 대기업이 장악하고 있다.(구글, 페이스북이 대표적이며 향후 아마존도 추가될 것이다.) 반면 신문사는 미국 광고 시장의 4분의 1을, 온라인 광고 시장의 12퍼센트 미만을 차지한다.* 바로 이런 이유 때문에 페이스북의 언론기사 전문 서비스(인스턴트 아티클)가 주목을 받고 있는 것이다. 그런데 이 서비스 도입 후―뉴욕타임스, 내셔널지오그래픽, 버즈피드 등―파트너 사이트로의 유입이 증가한다면 광고 수입을 어떻게 분배할 것인가가 진짜 문제가 될 것이다.

경쟁의 허상

신문사들은 오랫동안 광고를 유치했고, 광고로 오랫동안 돈을 벌었다. 심지어 프랑스를 비롯한 여러 나라에서는 광고로 큰돈을 번 신문사도 있다. 19세기에 신문을 소유한다는 것은 수익성 있는 사업을 보장받는 것이었고, 대부분의 경우 투자액 대비 막대한 이익을 얻는다는 의미였다. 하지만 시간이 흐르면서 많은 것이 변했다. 앞으로 미디어가 과거처럼 수익성이 높을 것이라 생각하는 것은 희미해진 과거를 회상하는 일이나 다름없다.

최근 몇 년간 광고 수입은 급감했을 뿐만 아니라 신문

• 퓨리서치센터Pew Research Center의 데이터 참고.

그림 7
1956~2013년까지 미국 신문사의 매출액 변화

전체의 매출액도 크게 감소했다. 미국의 경우, 신문사의 총
매출액은 1956년 GDP의 1퍼센트 이상을 차지했는데, 현재
는 간신히 0.2퍼센트 수준이고, 앞으로도 이 같은 하락세
는 지속될 것으로 보인다.(그림 7) 2013년 신문사 매출액이
320억 달러에 못 미치면서 미국 경제 내 신문사의 비중은
구글의 절반에 그치게 되었다.

신문사의 매출액이 감소하면서 수익성 역시 급감했다.
이를 어떻게 설명해야 할까? 물론 우리가 앞서 보았듯이 광
고 수입의 감소와 관련 있을 것이다. 하지만 신문사의 수익

성 감소는 무엇보다 미디어 부문 내 경쟁 심화, 미디어 산업의 생산 구조에 그 원인이 있다.

경쟁의 제한

대부분의 산업 부문에서 판매 및 매출액 감소 시 내놓는 해결책은 감원이다. 만약 자동차제조사가 판매량을 줄이면 자동차 생산라인은 천천히 돌아갈 것이고, 생산량 감소에 따라 생산직 직원들은 부분실업 상태에 들어간다. 이렇게 되면 경영주는 자동차 생산에 차질을 빚지 않는 선에서 감원을 고려하게 된다. 즉, 수요에 따라 생산에 필요한 인력의 규모가 달라지는 것이다. 적은 수의 직원을 데리고 적은 양의 자동차를 만들면 될 뿐이다.

하지만 미디어에서는 이야기가 좀 다르다. 판매부수가 얼마가 되었든 신문을 만드는 데 필요한 신문기자 수는 거의 비슷하다. 사실 신문기자들의 취재거리는 변함이 없다. 따라서 1판 제작에 모든 노력과 비용이 투입되고, 이후 제작비는 크게 들지 않는다. 만약 어떤 신문사에서 매출액이 감소해 이를 취재인력 감원으로 상쇄하기로 결정한다면 뉴스의 품질 하락이라는 대가를 치를 수밖에 없다. 한 신문사에서 신문기자의 수와 이들이 생산하는 뉴스의 양(그리고 품질) 간에 강력한 상관관계가 있음을 앞서 보았다. 이와 같은 논리를 저녁종합뉴스나 아침종합뉴스의 시청자 수에도 적용할 수 있다.

좀더 기술적으로 표현해보자면, 미디어는 높은 고정비용이 필요한 산업으로 고정비용에 따라 생산되는 뉴스의 품질(양)이 결정된다. 미디어는 소위 규모에 대한 수확 체증에 직면해 있다. 생산비는 제품이 판매되는 시장의 규모가 아닌 제품의 품질에 따라 증가한다.* 따라서 미디어 입장에서는 시장을 최대로 키우는 것이 유리하다. 시장이 커지면 매출액이 늘어나되, 매출액이 늘어나는 만큼 생산비를 지출하지 않아도 된다. 현재 영국의 가디언이 바로 이런 전략을 펼치고 있는데, 가디언은 새로운 시장 진입을 위해 미국에서 온라인 전담 취재인력(약 60명)을 채용했다. 규모로 보았을 때 미국 시장은 영국이라는 단일시장보다 훨씬 크다. 뉴욕타임스의 경우 오래전부터 영어가 세계 공용어라는 현실을 활용해 시장을 전 세계로 확대했는데, 인터내셔널 헤럴드트리뷴의 제호를 인터내셔널 뉴욕타임스로 바꾼 게 대표적인 예다.** (인터내셔널 뉴욕타임스는 2016년 10월 뉴욕타임스 인터내셔널 에디션으로 다시 바뀌었다.―옮긴이)

* 일부 비용은 수요에 따라 상승할 수 있다. 신문의 경우 종이구입비, 인쇄비, 유통비 등이 상승한다. 그러나 TV나 라디오의 경우는 그렇지 않다. 게다가 종이신문보다 인터넷으로 뉴스가 더 많이 확산되는 현재 시장 규모에 따른 비용은 사라질 수도 있다.
** 뉴욕 5번가 한복판에서 "르몽드 인터내셔널"을 외치는 진 세버그 같은 여성은 대체 언제쯤 볼 수 있을까? (영화 「네 멋대로 해라」에서 진 세버그는 파리 시내에서 "뉴욕헤럴드트리뷴"을 외치며 신문을 판다.―옮긴이) 뉴욕타임스는 브랜드 해외 수출에 성공한 반면, 르몽드는 이제 막 시작된 프랑스어권 아프리카의 신문 시장에서 르몽드의 명성을 제대로 활용하지 못하고 있다.

독점—정치적으로 올바르게 표현한다면 '입지 강화'—경향은 미디어 부문에서 강하게 나타나곤 했는데, 사실 이런 현상은 초기부터 있었다. 미디어 입장에서 시장을 최대로 키우는 것은 곧 경쟁을 최소화하는 것을 의미하기 때문이다. 그래서 이미 오래전부터 진정한 의미의 미디어 제국을 건립한 사람들이 매우 많다. 대표적으로 미국 언론계의 거물인 윌리엄 랜돌프 허스트가 있다. 샌프란시스코이그재미너, 뉴욕 (모닝) 저널, 시카고이그재미너를 소유한 허스트는 영화 「시민 케인」의 주인공 오슨 웰스의 모델이기도 하다. 워런 버핏은 버크셔해서웨이를 통해 최근 몇 년간 수많은 기업을 인수했는데—2011년 오마하월드헤럴드 및 관련 신문사 몇 개를 인수했고, 2012년에는 미디어제너럴의 신문 63개를 인수했고, 2013년에는 털사 월드와 뉴스 앤 레코드 외 여러 신문을 인수했다—버핏은 허스트와 견주어도 전혀 손색이 없다. 루퍼트 머독의 미디어 제국 또한 호주를 넘어(헤럴드선, 디오스트레일리언) 미국(폭스뉴스, 월스트리트저널, 뉴욕포스트)과 영국(비스카이비 방송사, 선, 타임, 선데이타임스)에 이른다.*

미국 미디어의 집중 현상의 변화를 연구한 엘리 놈의 입장에서 이 현상의 원인은 경제 주기와 기술 혁신이다. 높은

---

* 파트리크 에브노Patrick Eveno에 따르면 프랑스에서는 이미 프랑스혁명 시절에 백과사전Encyclopédie의 편집자인 샤를조제프 팡쿠크Charles-Joseph Panckoucke가 라가제트La Gazette, 르모니퇴르Le Moniteur, 르메르퀴르 드 프랑스Le Mercure de France를 소유했다. '녹색문어'라는 별칭으로 불리던 아셰트Hachette 출판사의 전성기가 끝나자 '에르상 제국'이 시작되었고, 지금은 프랑스에서 가장 큰 지역 언론 그룹인 에브라EBRA 그룹(레스트레퓌블리캥L'Est républicain, 랄자스L'Alsace, 르도피네리베레Le Dauphiné libéré)을 소유한 크레디 뮈튀엘Crédit mutuel의 회장인 '언론탐

고정비용, 한계비용 제로에 직면한 미디어 산업은 규모의 경제에 의존해야 할 뿐만 아니라, 범위의 경제 및 차별화에 기반을 둔 새로운 전략을 발전시켜야 한다.[**]

그래서 현재 프랑스와 미국의 모든 규제는 미디어의 경쟁을 장려하는 방식으로 되어 있다. 1986년부터 프랑스에서는 언론출판기업의 발행부수가 프랑스 전역에서 발행되는 총부수의 30퍼센트를 초과할 경우, 해당 기업의 경영권 장악을 금지하고 있다. 미국의 경우, 미디어 산업 내 집중 현상을 막기 위한 규제는 좀더 엄격해 교차소유cross-ownership를 금지하고 있다. 한 기업은 동일 지역 내에서 일간지와 주간지, 라디오 채널이나 TV 채널을 동시에 소유할 수 없다.[***]

미디어의 집중 현상을 규제하는 이유는 여러 가지가 있다. 미디어 부문 내에서 경쟁을 보장한다는 것은 곧 생각의 다양성과 뉴스의 자유를 보장한다는 의미이고, 어떻게 보면 '진실'의 등장을 장려하는 방식이기도 하다.[****] 특정 미디어(미디어 그룹)의 독점은 민주주의를 위협하는 요소가 될 것이다. 뉴스 독점을 위한 국가의 개입은 당연히 1차적 위협 요소다. 프랑스의 프랑스라디오텔레비전방송공사ORTF, 영국의 BBC가 각국에서 TV와 라디오 프로그램을 방송하

닉가 미셸 뤼카Michel Lucas가 그 뒤를 잇고 있다. 이렇게 한 명이 여러 미디어를 소유하게 된 이유는 고정비용이 높은 미디어 산업 내 규모의 경제 때문이다.

[**] Eli Noam, *Media Ownership and Concentration in America*, Oxford, Oxford University Press, 2009.

던 유일한 기업이었던 시절에 ORTF와 BBC는 권력에 대한 독립성이 없다는 비난을 주기적으로 받곤 했다. TV 시리즈인 「디아워The Hour」는 1950년대 국가의 지속적인 언론 개입 시도를 완벽하게 그려내고 있다. 극 중에서 배우 앵거스 매케인은 앤서니 이든 총리의 언론보좌관으로서 언론 개입을 시도하며 신문기자인 남자 주인공 프레디 라이언과 여자 주인공 롤리를 방해하는 역할을 연기했다.

민간의 독점도 위협 요소가 될 수 있고, 위험한 정도는 두 배가 될 수도 있다. 어떻게 보면, 민간의 독점으로 인해 미디어가 장악될 위험이 훨씬 높을 수 있다. 신문사 10개를 부패시키는 것보다 신문사 하나를 부패시키는 게 훨씬 쉽고, 신문사 간의 경쟁이 치열해지면 각 신문사는 정치적 연줄을 동원해 타사보다 빠르게 뉴스를 전달하고 특종을 잡는 데 집중하게 된다.[*] 다른 한편으로 보면, 단 한 명—신문사 소유주—의 사익으로 인해 뉴스 전달에 영향을 미치는 경우를 어떻게 걱정하지 않을 수 있겠는가? 소유주의 정치적 견해는 어떻게 해야 하는가? 게다가 독점으로 인해 발생하는 골칫거리도 있다.

우리는 '거인들의 시대'[**]에 진입할 것이고, 이는 미디어와 민주사회의 다원주의를 위협하는 요소가 될 것인가? 우

[***] 그런데 관련 미국 법이 계속 바뀌고 있다는 데 주목해야 한다. 연방통신위원회 Federal Communications Commission(FCC)는 2002년부터 여러 차례에 걸쳐 미디어 소유에 관한 강력한 규제를 완화하려고 시도했으나 지금껏 성공하지 못했다. 하지만 사실상 교차소유인 경우가 있다. 프랑스에서는 2011년 사회당이 공약한 미디어 소유 집중 규제dispositif de contrôle plurimédias의 선진화를 여전히 기다리고 있다.
[****] Matthew Gentzkow&Jesse Shapiro, 'Competition and Truth in the Market for News', *Journal of Economic Perspectives*, 22(2), 2008, pp. 133~154.

리는 복잡한 현실 속에서 경쟁이라는 속임수에 현혹되어서
는 안 된다. 미디어계의 거인이 등장했음에도 불구하고, 기
존 미디어의 온라인 광고 수입 대부분을 집어삼키는 새로
운 매체(구글 및 각종 사회관계망서비스)가 인터넷에 등장함
에 따라 미디어 부문에서의 경쟁은 사실상 심화되었다. 게
다가 뉴스계의 거인들이 지나친 '입지 강화'를 시도할 것이
라는 성급한 예측과는 반대로, 지난 몇 년간 신문사들은
다시 독자 노선을 걷는 모습을 보였다.

　2013년 루퍼트 머독은 자신의 미디어 제국인 뉴스코퍼
레이션을 신문잡지 부문(뉴스콥)과 21세기 폭스 두 개로 분
리시켰다. 2014년 트리뷴은 TV 부문(현재는 트리뷴미디어컴
퍼니)과 신문출판 부문(트리뷴퍼블리싱)을 분리시켰고, 타임
워너는 TV, 영화, 인터넷 시장을 공략하고자 잡지 부문(타
임Time Inc.)에서 독립했다. 스크립스와 저널 커뮤니케이션스
는 합병과 동시에 양 신문의 발간을 중단했고, 2015년 미국
의 주요 TV 채널 소유사 중 하나인 스크립스와 저널 미디
어 그룹 두 개로 다시 분리되었다. 미국 내 USA투데이 등
81개 신문을 소유한 개닛은 2015년 언론 부문을 분리시키
겠다고 발표했다. 프랑스의 사례로는 라가르데르를 들 수
있겠다.

▲ Thimothy Besley&Andrea Prat, 'Handcuffs for the Grabbing Hand? Media
Capture and Government Accountability', *American Economic Review*, 96(3),
2006, pp. 720~736.
▲▲ Dennis F. Herrick, *Media Management in the Age of Giants. Business
Dynamics of Journalism*, 2nd edition, Albuquerque, University of New Mexico
Press, 2012.

반면 일부 신문사는 본연의 업무에 충실하려는 의지를 보였는데, 대표적인 예로 뉴욕타임스 컴퍼니가 있다. 뉴욕타임스 컴퍼니는 TV 및 라디오 채널을 매각한 후 뉴욕타임스라는 브랜드에 집중하기 위해 보스턴글로브 및 모든 지역 신문에서 독립했다.

경쟁의 역효과

미디어 부문 내 경쟁이 실제로 어떤 결과를 초래하는지, 무엇보다 뉴스 시장 내 경쟁이 심화되면서 뉴스의 품질과 정치 참여에 어떠한 영향을 미치는지 연구할 필요가 있다. 미디어 부문의 경쟁은 뉴스 생산에 영향을 미친다. 특정 기준점을 지나면 미디어 수의 증가는 전체 미디어가 생산하는 뉴스의 양적 감소는 물론 질적 저하까지 야기할 수 있다. 뉴스의 선호도 아래 숨겨진 이질성이 여타 규모의 경제와 비교해 상대적으로 낮을 경우 특히 그런데, 경쟁의 부정적 측면(편집국 분산과 생산비 중복)이 경쟁의 긍정적 측면(이질적인 수요와 다양한 독자를 만족시키는 것)보다 더 크기 때문이다.

뉴스의 선호도 아래 숨겨진 이질성이란 무엇인가? 쉽게

• Julia Cagé, *Media Competition, Information Provision and Political Participation*, Document de travail, Harvard & Paris, Harvard University & Sciences Po Paris, 2014.

말해, 어떤 시장에서 모든 소비자가 동일한 뉴스 선호도(또는 동일한 정치적 성향)를 지니고, 어떤 신문에 대해 똑같은 가격을 지불할 의지가 있을 경우('동질적' 선호도를 지닌 독자) 새 신문이 창간된다고 해서 새로운 독자층이 형성되지 않는다. 기존의 독자는 두 집단으로 나뉠 것이고(기존 신문과 신규 신문) 이에 따라 각 신문의 발행부수는 줄어들 것이다. 이와는 반대로, 만약 일부 소비자는 고품질의 신문을 읽기 위해 많은 돈을 지불할 준비가 되어 있고, 다른 소비자는 좀더 저렴한 신문을 선호할 경우—또는 일부 소비자는 좌파 성향의 신문을 원하고 다른 소비자는 우파 성향의 신문을 원할 경우—각 소비자 집단은 '이질적' 선호도를 지니며, 그동안 저렴한 신문만 존재하던 시장에 고품질의 신문이 추가되면 새로운 독자층이 생길 것이고, 기존 신문과 새 신문 모두 배급부수가 늘어나 각 독자층의 요구를 더욱 잘 충족시킬 수 있게 된다.

필자는 1945년부터 2012년까지 프랑스의 지역일간지 사례를 연구하면서 기존 시장에 새로운 경쟁자가 들어오면 기존 신문사에 근무하던 기자가 무려 60퍼센트까지 감소하지만 전체 신문기자 수(신규 신문사 소속 기자 포함)에는 별다른 영향을 미치지 않는다는 점을 증명할 수 있었다. 어떤 주를 구성하는 인구의 사회적 동질성이 높을수록 이런 현상이 더 강하게 나타난다. 즉, 경쟁이 심화되어도 '전체' 기자 수에는 아무런 영향을 미치지 않는 반면, 기자들은 여러 집단으로 나뉜다. 최근 발간된 신문들의 콘텐츠 원문을 분석해보면, 시판 중인 신문은 많지만 정작 각 신문사에서 생산하는 기사 수는 적어졌으며, 기사의 길이도 훨씬 짧아졌고, 다루는 주제의 범위 역시 좁아졌다는 것을 알 수 있다.

게다가 신문이 새로 창간되면―그리고 이로 인해 뉴스 생산량이 감소하면―지방선거 투표율이 떨어진다는 사실을 확인할 수 있다. 구체적으로 보면, 지난 수십 년간 관찰된 기록적인 선거 투표율 저조 현상은 신문사들 간의 경쟁이 큰 지역에서 확연히 나타났다. 신중한 입장을 취해도, 미디어 부문(모든 매체 포함) 내 전반적 경쟁 심화는 분명 선거 투표율 저조 현상과 관련 있다고 볼 수 있다. 왜 그럴까? 경쟁 심화는 편집국의 분열을 야기했고, 자연스럽게 각 편집국에서 생산하는 뉴스의 양은 줄어들었다. 결국 일부 사람들은 접할 수 있는 뉴스가 적어지자 투표하지 않기로 결심한 것이다.

그렇다면 어떤 결론을 내려야 할까? 생산되는 뉴스의 품

질을 보장하려면—민주주의가 제 역할을 하도록 하려면
—시장은 제한된 수의 미디어를 유지할 수밖에 없다. 어떤
시장에서 유지할 수 있는 미디어가 몇 개인지 정확히 정의
하는 것은 우리가 할 일이 아니다. 이 문제는 매우 복잡하
고 하나의 만병통치약을 찾아내려면 수많은 변수(시장의 규
모, 소비자의 선호도, 광고 공간 수요의 정도, 평균 수입)를 고
려해야 한다.

하지만 '경쟁의 제한'은 생각해볼 가치가 있는 중요한 사
안이다. 미디어 수가 많다고 해서 늘 더 좋은 것만은 아니
다. 그렇다고 해서 독점도 해답은 아니다. 그러나 미디어의
수를 늘려 미디어의 위기를 타개하려는 해법은 올바르지
않다.

인터넷상에 독자 수백만 명이 존재한다는 허상

현재의 미디어 위기라는 측면에서 보았을 때 가장 놀라
운 것은 어쩌면 신문사 편집국장들의 낙관주의일지도 모른
다. 이들이 내세우는 주장은 한결같다. 지금처럼 독자가 많
았던 적이 없다는 것이다. 프랑스에서는 일간지 웹사이트의
접속자 수가 폭발적으로 증가하고 있다고 떠들썩하다. 실

제로 2008년부터 2013년까지 일간지 웹사이트 접속자 수는 사이트당 연평균 5000만 명에서 1억8000만 명으로 급증해 5년간 무려 3배 이상 증가했다. 이는 물론 희소식이고 축하해야 할 일이다. 접속자 수는 신문사 별로 차이가 크기 때문에 르몽드나 르피가로 등 일부 신문사는 연간 접속자 수가 6억 명 이상일 수도 있다. 종이신문의 발행부수가 많아봐야 수십만 부에 불과하다는 사실을 놓고 보면 6억이라는 수치는 어마어마하다. 2014년 7월 르몽드의 인터넷사이트 총접속자 수는 사상 처음으로 6600만 명을 넘어섰다. 2015년 1월 샤를리 에브도 사건이라는 특수성으로 인해 총접속자 수가 1억 명을 돌파했다. 이 수치를 인정해야 하는 걸까? 답은 '그렇다'와 '아니다'다.

다시 계산을 해보자. 우선 신문사 웹사이트 접속자 수를 정확히 파악하려면 전체 접속자 수보다는 최초 접속자 수를 고려하는 편이 낫다.(접속자 한 명이 하루 내내 동일 사이트에 1회 이상 접속할 수 있기 때문이다.) 르몽드의 경우 월별 최초 접속자 수는 800만 명 이상에 달하며, 각 접속자는 사이트에 월 평균 8회 접속한다. 이 기준을 적용하면 일일 접속자는 평균 약 150만 명이 된다. 미국의 경우, 뉴욕 타임스 웹사이트에 접속한 최초 접속자는 2015년 1월 약

5400만 명이었는데, 매일 700만 명 정도가 접속한 셈이다.

　이제는 종이신문 독자 현황을 살펴보자. 종이신문 발행 부수만을 놓고 본다면(르몽드 30만 부, 뉴욕타임스 65만 부) 독자 수는 인터넷신문 독자 수보다 훨씬 적다. 하지만 눈여겨봐야 할 점이 여럿 있다. 우선 발행부수로 종이신문 독자 수를 계산하려면, 발행부수에 종이신문 1부당 평균 독자 수를 곱해야 한다. 공개된 자료를 토대로 두 신문의 평균 독자 수를 계산하면, 르몽드는 6명, 뉴욕타임스는 6.5명으로, 하루 평균 독자 수는 르몽드는 180만 명, 뉴욕타임스는 420만 명이다. 종이신문과 인터넷신문의 하루 평균 독자 수만 놓고 보면 규모 면에서 서로 비슷하고 실제로는 격차가 크게 벌어지지 않는다.

　게다가 종이신문 독자는 신문을 읽는 데 더 많은 시간을 할애한다. 르몽드 사이트 접속자는 1회 접속 시 평균 네 페이지만을 읽는데 그마저 대충 훑어보기만 할 뿐이다. 인터넷 이용자들이 인터넷신문에서 보내는 시간은 하루 평균 5분 이하로, 한 페이지당 소요 시간은 1분 미만이다. 접속자 한 명이 인터넷신문 사이트에서 보내는 시간은 월 평균 54분으로(르몽드 사이트는 20분) 하루에 고작 몇 분에 그쳐, 뉴욕타임스 사이트의 경우 평균 4.6분에 불과하다. 하지만 종이신문을 읽는 데는 하루 평균 25~35분을 보낸다.

인터넷신문에 기사가 수백만 개나 올라오는데도 신문사의 인터넷사이트 수익률이 저조한 이유가 바로 여기에 있다. 2012년 프랑스에서 인터넷신문의 수입은 종이신문 총수입의 5퍼센트에도 미치지 못했다. 신문사들이 온라인 독자로부터 수익을 이끌어내지 못했기 때문이다. 인터넷판이 유료('온라인판 구독')인데도 상황은 마찬가지였다. 반면 종이신문 독자 한 명은 온라인판 독자 한 명과 비교해 20배 이상의 광고 수입을 가져다준다.˙ 이에 광고주들은 인터넷신문과 종이신문의 광고비에 차등을 두는데, 인터넷 이용자는 최소한의 관심과 시간을 온라인신문에 할애하고, 우리는 온라인 독자를 제대로 파악하지 못하고 있음을 알 수 있다.

온라인 독자의 '가치'가 낮다는 증거가 있다. 현재 신문사들은 온라인판 구독료보다 종이신문 구독료를 낮게 책정하고 있다.(신문사 입장에서는 독자가 사이트에 접속하거나 태블릿용 PDF 파일을 다운로드 하도록 유도하는 비용이 종이신문을 각 가정으로 배달하는 비용보다 훨씬 커도 이를 유지하고 있다.) 그린즈버러 뉴스 앤 레코드가 대표적인 예인데(미국 노스캐롤라이나 주에서 발행되는 일간지로 워런 버핏의 버크셔

˙ 그런데 이 추세는 변하고 있는 걸까? 최근 타임의 광고주들은 종이판과 태블릿판에 같은 광고비를 적용하는 것을 받아들였다. 독자들은 종이판과 태블릿판에 비슷한 수준의 관심을 보이지만, 상대적으로 저렴한 가격대를 유지하고 또 앞으로도 저렴한 가격대를 유지해야 할 온라인판에 대한 독자의 관심은 훨씬 낮다.

해서웨이 소유), 종이판 구독료가 온라인판보다 10퍼센트 저렴하다. 캘리포니아 주의 일간지 오렌지카운티 레지스터도 온라인판과 일요판 종이신문 결합 상품보다 온라인판 구독료를 높게 책정했는데, 이는 사람들이 종이신문을 구독하도록 유도하기 위해 일종의 보조금을 지급하는 셈이다. 뉴욕타임스 역시 같은 노선을 취한 것 같다. 일요판 종이신문을 구독하면 온라인판은 무료로 제공되는데, 사실상 일요판 종이신문 구독료는 온라인판 구독료보다 훨씬 저렴한 셈이다.•

　물론 이 현상을 독자를 종이신문으로 되돌아오게 하려는 신문사의 의도로도 해석할 수 있다. 그러나 신문사의 입장에서 보면, 무엇보다 이 현상은 온라인 독자 한 명에 들어가는 실제 '비용'이 종이신문 독자 한 명에 들어가는 비용보다 훨씬 높다는 것을 증명한다. 신문사에게 종이신문 독자 한 명은 온라인 독자에게 기대할 수 없는 '보조금'(광고 수입)을 의미하기 때문이다.

　따라서 100퍼센트 무료라는 말은 속임수에 불과할 수 있다. 신문사들은 (돈을 내지 않는) 온라인 접속자 수를 늘리는 것으로는 위기를 극복할 수 없을 것이다. 온라인 독자로부터 광고 수입을 이끌어내지 못할 것이기 때문이다. 따

• 다음 사이트를 참고할 것.
http://www.niemanlab.org/2014/07/when-a-digital-subscription-costs-more-than-a-print-one

라서 (종이판이 되었든 온라인판이 되었든) 독자들이 콘텐츠에 대한 비용을 지불하게 하기 위해서는 품질에 중점을 두어야 한다. 앞으로 신문사들의 수익 대부분은 시간에 쫓기는 수백만의 인터넷 접속자가 아닌 정기구독(그리고 가두판매)으로부터 발생할 것이기 때문이다.

오늘날 누구든 무료로 뉴스를 읽을 수 있기 때문에 돈을 지불하면서 뉴스를 읽으려는 사람은 아무도 없다고 주장할 수도 있다. 하지만 뉴욕타임스를 필두로 한 '페이월'을 통한 콘텐츠 유료화 전략은 최근 몇 년간 큰 성공을 거두었다. 물론 이런 전략을 펼치는 데 시간적·금전적 비용이 소요될 수 있고, 다양한 유료화 모델을 시도하고 독자의 특성을 반영하는 데 상당한 자본이 필요하며, 결국 단기적 수익을 추구하기보다는 재정적 위험을 감수해야 할 것이다. 하지만 광고가 점점 줄어들고 있는 미디어 산업의 미래를 보장해주는 것은 바로 유료 콘텐츠다. 게다가 미국 신문사의 41퍼센트는 이미 페이월을 도입했다. 그리고 앞으로 몇 년 동안 유료 콘텐츠 기반의 모델은 대폭 늘어날 것으로 예상된다.

미디어 산업은 유료 독자가 먹여 살리고, 미디어는 자신이 생산한 콘텐츠를 팔아먹고 살기 때문이다. 종이판 또는 온라인판 구독에서 발생하는 수입으로, 또 비록 줄어들고 있긴 하나 광고 수입으로 먹고살기 때문이다. 기업가인 동시에 리베라시옹의 주주이자 감독위원회 회장인 브뤼노 르두는 미디어 산업을 먹여 살리는 것은 프랑스 국민들이 '갖다 바치는' 세금이 아니라 바로 자신이라고 말한다. 이것이 바로 미디어의 미래를 논할 때마다 등장해 논점을 흐리는 허상이다. 바로 미디어는 국가의 지원을 받는다는 허상이다.

미디어는 지원을 받는다는 허상

미디어는 국가라는 산소 호흡기에 의존해 살고 있을까? 유독 프랑스의 언론 지원제도는 다양하면서도 복잡하다. 그래서 현 지원제도를 단순화해 개혁하되—이에 대해서는 나중에 이야기하겠다—지원금을 상대적으로 책정할 필요가 있다. 현 지원제도에 대한 비판보다는 재고가 필요하고, 심지어 일부 국가에서는 지원제도를 늘릴 필요가 있다.[*]

미디어에 닥친 위기 때문에 언론 지원제도가 시행된 것은 결코 아니다. 프랑스의 경우, 첫 시행은 1920년으로 거슬러 올라간다. 당시 한 부당 가격이 25상팀 이하인 신문의 매출액에 면세 혜택을 제공했다. 그리고 이 제도는 시간이

---

[*] 프랑스의 언론 지원제도에 대해서는 다음을 볼 것. Julia Cagé & Etienne Fize, *The Effectiveness of Public Support to the Press. Evidence from France*, Document de travail Sciences Po Paris, 2015. 국가 간 비교 및 현재 호주, 미국, 불가리아, 핀란드 등 전 세계 15개국에서 시행 중인 지원제도에 대해서는 다음을 볼 것. Paul Murschetz(Editor), *State Aid for Newspapers. Theories, Cases, Actions*, Springer, 2014. 여기에서 소개하는 예들은 모두 이 두 책에서 발췌했다.

흐르면서 많은 변화를 겪었다. 1973년까지 국가가 언론에 개입 시 중립을 지켜야 한다는 원칙, 즉 각 신문의 콘텐츠나 논조와 상관없이 모든 신문에 동일한 기준을 적용한다는 원칙이 있었다.* 언론사는 보조금을 받는 것(직접 지원)보다 비용을 줄여주는 것(부가가치세 감면 또는 우편요금 지원 같은 간접 지원)을 선호했다.

다른 나라의 사례를 봐도 비용 감면은 국가 지원의 기본 형태였다. 사실 대다수 유럽국가**의 신문사들은 부가가치세 감면 혜택을 받고 있다. 영국에는 신문사에 대한 국가지원이 없다는 생각이 지배적이나 영국의 신문사들은 부가가치세 0퍼센트 혜택을 받고 있고, 그 금액을 환산하면 연간 8억3800만 유로에 달한다.

심지어 자유주의와 자유 기업 제도로 잘 알려진 미국에서조차 신문사는 막대한 세금 감면 혜택을 받고 있다. 또한미국 신문사들은 1792년 미국 우편법 시행 이후부터 우편요금 할인 혜택을 받고 있다. 호주의 경우 1825년이 되어서야 뉴사우스웨일스 지역에서 신문을 염가로 보급하는 법이 최초로 시행되었고, 1835년부터 1901년까지 신문이 무료로 배포되기도 했다.

지금까지 언급한 간접 지원 외에도, 수많은 유럽국가에

* 1973년부터 일부 신문사가 발행부수를 줄이는 어려움에 직면하자 프랑스는 특정 조건을 충족할 경우 추가 지원을 해주었고, 이로써 중립적 지원제도는 사실상 사라졌다. 오스트리아 역시 1975년부터 신문사에 대한 직접 지원제도를 도입했고, 벨기에의 경우 1973년에 도입했다.(하지만 벨기에 정부는 1997년 직접 지원제도를 점차 폐지하기로 결정했다.)

** 독일, 오스트리아, 벨기에, 덴마크, 핀란드, 프랑스, 아일랜드, 이탈리아, 네덜란드, 노르웨이, 영국, 스웨덴, 스위스.

서는 자국의 특성을 잘 드러내는 신문사들을 많이 지원했
다. 스웨덴의 경우 두 종류의 언론 지원제도를 마련했다. 하
나는 신문사의 운영 지원제도로 현재 87개의 일간지가 혜
택을 누리고 있고, 다른 하나는 유통 지원제도로 134개 신
문이 혜택을 받고 있다. 노르웨이의 언론 지원제도는 재원
대부분을 대다수 도시에서 발행되는 '2위' 신문사 및 일부
고립 지역 내 가장 작은 신문사에 집중적으로 제공한다. 노
르웨이는 다양한 정치적 입장을 취하는 전국지도 지원한
다. 이는 언론의 다원주의를 보장하는 것으로, 결국 민주주
의를 '보조'하는 셈이다.[•]

　마지막으로 국가는 좀더 간접적인 방식으로 언론 산업
을 지원할 수 있다. 영국의 데이비드 베인스는 2006년 뉴스
페이퍼 소사이어티(현 뉴스미디어 어소시에이션)가 당시 지역
신문사들의 경쟁자가 될 뻔했던 BBC의 온라인 뉴스 동영
상 서비스 실시를 어떻게 막았는지를 설명한다.^{••} 전 세계
적으로 보면 신문사들은 국가 공고의 신문 게재를 통해 정
부의 간접 지원을 받는다.

• 오스트리아 역시 1985년 '언론의 다양성을 위한 특별보조금special subsidy for the
maintenance of variety' 제도를 도입했다.
•• David Baines, 'United Kingdom: Subsidies and Democratic Deficits in Local
News,' 2014, *State Aid for Newspapers*, *op. cit.*

언론 지원의 실제 규모

전 세계 언론사 대부분은 국가의 지원을 받지만 국가별 특성이 존재한다. 그렇다면 실제 언론 지원의 규모는 얼마나 될까?

언론에 가장 많은 지원을 하는 것으로 유명한 프랑스의 언론 지원은 크게 두 가지인데, 하나는 국가예산 지원(배급 지원, 현대화 지원, 다원주의 지원)으로 2012년 지원액은 4억 1900만 유로였고, 다른 하나는 세금 관련 지원으로 대표적으로는 부가가치세를 2.1퍼센트로 대폭 감면해주는 것이다.(2억6500만 유로 지원 효과) 그리고 정부의 AFP통신 구독도 있다.(1억1790만 유로) 이를 모두 합하면 언론 지원액은 2012년 8억 유로에 달했다. 이 금액은 많은 것인가, 적은 것인가? 덴마크 정부가 매년 지출하는 5500만 유로나 노르웨이 정부가 매년 지출하는 4000만 유로와 비교하면 8억 유로라는 금액은 처음엔 매우 큰 금액처럼 보인다. 하지만 실제 언론 지원 규모를 알려면 언론 부문 매출액과 비교해봐야 한다.

프랑스에서 8억 유로는 언론사 전체 매출액의 9퍼센트를 약간 상회하는 금액이다. 정부의 AFP통신 구독(이로 인해 신문사들은 간접적인 혜택을 입을 뿐이다)을 제외한다 하더라도 지원금은 언론 부문 총매출액의 7.8퍼센트에 해당한다. 이 지원금은 종합일간지뿐만 아니라 무가지, 잡지, 전문잡지에 모두 지급된다. 수천 개의 언론사가 지원금을 조금씩 나눠 갖는 셈이다.

  (전국 및 지역) 종합일간지 발행 언론사들에 실제 지급되는 지원금을 각 사의 매출액과 비교해보면 각 사의 예산 할당 중 지원금의 비중은 5.3퍼센트에 이른다. 언론사별로 살펴보면―프랑스 문화소통부는 2013년부터 가장 지원을 많이 받는 상위 200개 언론사에 지급되는 지원금을 공개하고 있다―격차가 크게 벌어진다. 신문사들의 매출액 대비 지원금을 퍼센티지로 환산하면, 1퍼센트(코르스마탱)에서 23퍼센트(뤼마니테)까지 다양하게 나타난다. 르몽드의 경우 10퍼센트를 약간 넘고, 리베라시옹의 경우 약 17퍼센트다.

  다른 국가의 상황은 어떨까? 미국의 경우 언론 지원금 총액(우편료 지원과 세금 면제 혜택)은 일간지만 놓고 보았을 때 매출액 대비 3퍼센트 미만이고, 전체 언론(신문사와 잡지사) 매출액의 약 1.5퍼센트에 불과하다. 북유럽국가는 매우 관대한 언론 지원제도로 명성이 자자하지만, 매출액 대비 지원금 규모는 3퍼센트 미만으로, 노르웨이는 2.2퍼센트, 스웨덴은 2.9퍼센트다.

정의와 분석 범위의 차이가 있을 수 있으므로 정확한 국가 간 비교는 어렵다. 다만 프랑스는 상위권에 속하고, 지원금 규모에 있어서 국가 간 큰 차이는 없는 것으로 보인다. 특히 모든 국가에서 언론 지원금은 신문사의 매출액 대비 매우 적은 편이다.(항상 10퍼센트 미만이고 보통 5퍼센트 미만)

실제 언론 지원금

위의 비율이 의미하는 바를 좀더 잘 해석하려면 미디어를 문화산업과 지식경제라는 넓은 시각으로 봐야 한다. 특히 문화산업 전반에 있어서 각 기업이 직접 버는 소득의 비중과 공적 지원금의 비중을 비교하는 것은 흥미로운 일이 될 것이다. 프랑스의 문화소통 부문 공적 지원금은 2012년 139억 유로에 달했는데, 이는 문화 생산의 7.2퍼센트에 해당한다.[•]

문화 생산 대비 국가의 언론 지원 수준은 문화소통 부문 전반의 평균 지원 수준과 상대적으로 유사하다. 그러나 문화지식 부문(도서관, 기록, 문화교육) 및 방송 부문의 지원 수준과 비교하면 현저히 낮다.(생산의 30퍼센트) 반면 시각예

• 'L'Apport de la culture à l'économie en France,' op. cit.

술(미술품 거래시장, 디자인, 사진), 도서출판, 건축, 영상음향 산업(음반, 비디오, 게임, 악기, 악보) 부문과 비교하면 월등히 높다.(생산의 1퍼센트 미만) 공적 지원만 놓고 보았을 때 언론 부문과 가장 유사한 모습을 보이는 부문은 영화, 문화유산, 공연예술이다. 프랑스의 국립영화센터CNC는 2015년 프랑스 영화 지원에 3억 유로 이상을 지출했는데,* 이 금액은 영국의 영화 지원금보다 적다. 영국에서는 영화계 세금 감면 혜택만 해도 2013년과 2014년에 3억 유로 이상**에 달했고, 여기에 영국영화협회BFI의 지원금은 포함되지 않았다.

게다가 언론 지원금이 상대적으로 적은 국가에서조차 정부는 방송 부문 보조금을 통해 미디어 부문을 지원하고 있다. 영국이 대표적인 예로, 2014년과 2015년에 (부가가치세 감면 형식을 띤) 언론 지원금은 인당 13유로 이하였고, 방송 부문 국가 지원금(주로 TV 수신료)은 인당 80유로를 훌쩍 넘었다.*** 이 같은 BBC에 대한 높은 수준의 공적 지원을, 2015년 5월 선거에서 보수당이 승리한 탓으로 돌려서는 안 될 것이다. 당시 데이비드 캐머런 총리는 존 휘팅데일을 문화부 장관으로 임명했는데, 휘팅데일 장관은 BBC의 재원인 TV 수신료에 대해 수차례 강도 높은 비판을 한바 있고, 마거릿 대처 총리 시절 도입된 정액제 세금인 TV

• Centre National du Cinéma et de l'Image Animée, 'Soutien au cinéma, à l'audiovisuel et au multimédia. Rapport et Perspectives. 2013~2015'
•• 2억2000만 파운드. 출처: HM Revenue & Customs.
••• BBC Annual Report and Accounts 2013/2014.

수신료를 일컬어 "인두세보다 더 나쁜 것"이라고 평한 바 있다. 조만간 TV 수신료에 대해 가혹한 조치가 취해지지 않을까 예상된다.

오로지 미국에서만 신문사와 방송사에 지급되는 국가 지원금은 낮은 수준을 유지하고 있다. 공영방송공사CPB — 미디어 및 공공 방송 콘텐츠 진흥과 재정 지원을 담당하는 비정부조직—에 지급되는 국가 지원금의 총합은 사실상 2012년 인당 3유로 미만에 그쳤고, 이 중 연방정부의 지원금은 인당 1.2유로 미만이었다.* 또한 언론에 대한 국가의 간접 지원금은 인당 3유로 미만이다.

마지막으로 신문사가 국가로부터 받는 돈과 국가에 내는 돈을 서로 비교해봐도 흥미로울 것이다. 사실 신문사는 여타 기업들과 마찬가지로 각종 직접세, 간접세, 사회분담금의 형태로 국가에 많은 돈을 낸다. 관련 자료가 매우 풍부한 프랑스의 예를 살펴보자. 국가로부터 가장 많은 지원을 받는 언론사 상위 200개 중 전국 및 지역일간지만 추려서 살펴보면 신문사들이 받는 지원금은 평균적으로 신문사들이 국가에 납부하는 세금의 60퍼센트 미만에 그쳤다. 이 수치는 특별 지원을 받는 상위 몇 개의 신문사만을 대

• CPB, 'Appropriation Request and Justification, FY2015 and FY2017', March 5, 2014. 공적 지원금의 규모가 작아서인지는 모르겠으나, 미국의 공영방송 시청자 수는 다른 국가와 비교해 현저히 낮다.

상으로 한 것으로 중앙값은 35퍼센트다. 즉 소수의 신문사를 제외하면 신문사들은 국가로부터 받는 돈보다 훨씬 많은 돈을 국가에 납부하고 있다. 프랑스의 전국 일간지인 레제코, 라크루아, 르피가로, 오주르뒤 앙 프랑스의 경우, 국가에 납부한 세금의 42~62퍼센트를 지원금으로 돌려받았다. 그런데 2012년 기준으로 르몽드는 113퍼센트, 뤼마니테는 117퍼센트, 리베라시옹은 146퍼센트를 돌려받았다.

전체 경제 내 언론 부문을 놓고 보면, 언론은 '지원을 받는' 부문이 아니라, 프랑스를 비롯한 다른 선진국에서 과세율이 전반적인 원천징수세율보다 낮은 부문이라는 결론을 우선적으로 내릴 수 있다. 대부분의 국가에서 지식경제의 다른 부문은—특히 대학과 연구소—자체 재원(등록금, 연구계약금)보다 월등히 많은 공적 지원금을 받고, 이들이 국가에 납부하는 세금과 비교해 훨씬 많은 지원금을 받는다. 일부 국가에서 지식경제 부문은 막대한 교부금 수입도 보유하는데, 이 중 일부는 공적 지원(특히 세제 혜택)으로 마련된 것이다. 지식경제 부문의 모델을 미디어 부문에도 적용할 수 있다면 미디어 부문도 이런 혜택을 누릴 수 있을 것이다. 정리하자면, 여기서 중요한 것은 미디어 부문이 지원이나 보조금을 받아야 하느냐가 아니라, 미디어 부문의 민주주의 기여도를 감안해 좀더 유리한 법적 및 세제 혜택을 누리도록 하는 것, 가능하다면 지식경제 부문이 아주 오래전부터 누리고 있는 혜택과 유사한 혜택을 미디어 부문도 누릴 수 있도록 하는 것이다.

언론 지원 개혁

프랑스에서 문제가 되는 것은 지원액이라기보다는 지원 형식과 지원 대상 기준의 부재다. 앞서 스웨덴에서는 87개 일간지가 운영 지원금 혜택을, 134개 일간지가 유통 지원금 혜택을 받고 있다고 언급했다. 프랑스에서는 '언론사 지원제도régime économique de la presse' 덕분에 대부분의 신문사가 대폭 인하된 부가가치세율과 우편요금 혜택을 누릴 수 있다. 수혜 언론사는 약 9000개인데, 이 중 종합뉴스언론사는 400개가 채 안 된다. 우편요금 혜택을 누리는 언론사가 많다보니, 2012년 가장 지원을 많이 받은 언론사 상위 200개 중 TV 뉴스프로그램 10개가 포함되었는데, 이 가운데 5개는 지원을 가장 많이 받은 25개 언론사에 속한다. 단, 종합뉴스를 다루지 않는 언론사는 납부한 세금의 61퍼센트에 대해 세제 혜택(대폭 감면된 부가가치세)을 받는데

이는 여기에 포함시키지 않았다.[•] 언론 지원금 전체(세제 혜택 포함)를 놓고 보면, 35퍼센트가 일반 잡지사에게 지급되고 있다.

따라서 프랑스 언론 지원제도 개혁 대상 1순위는 지나치게 복잡하면서도 모순된 목표를 지닌 현재의 보조금 제도로, 이를 단순하고 자동적인 제도로 대체하고, 보조금은 매출액 또는 신문 판매부수를 퍼센티지로 계산해 지급해야 할 것이다. 새 보조금 제도는 종합일간지만을 대상으로 해야 하고, 이렇게 하면 국가가 지출해야 하는 비용을 상당히 낮출 수 있을 것이다. 3장에서 제안하는 모델은 이런 단순한 개혁 이상의 것으로, 프랑스 이외 국가에서도 이 모델을 적용해야 할 것이다.

미국에서는 국가가 미디어 부문에 할당하는 재원을 늘려야 할 것으로 보인다. 앞서 신문사와 공영방송에 대한 지원금이 매우 적음을 강조했다. 게다가 이 지원금은 최근 수십 년간 계속 감소했다. 예를 들어 우편요금 혜택은 1970년부터, 우편재조직법Postal Reorganization Act 발효 이후 80퍼센트 이상 줄어들었다. 이런 위기 상황이 되다보니 로버트 맥체스니와 존 니컬스,[••] 리 볼린저[•••]같이 국가의 적극적인 지원을 주장하는 교수와 언론인이 점점 늘어나고 있다. 하

• 미셸 프랑세Michel Françaix 의원의 보고서를 참고할 것. *Médias, livre et industries culturelles: presse*, october 2012.
•• '*The Death and Life of Great American Newspapers*,' op. cit.
••• Lee C. Bollinger, *Uninhibited, Robust, and Wide-Open: A Free Press for a New Century*, Oxford University Press, 2010.

지만 이들은 국가 지원의 최적 형식에 대해서는 계속 의문을 제기할 것이다. 미디어의 미래는 비영리에서 찾아야 한다고 주장하는 사람들이 등장하는가 하면, 미디어에 거금을 내놓는 부유층 기부자가 점점 늘어나고 있다. 그렇다면 이제부터 부유층 기부자에게 세제 혜택을 주는 건 어떨까? 이 가능성을 타진해보기 위해서는 마지막 허상을 짚고 넘어가야 한다. 그것은 바로 미디어의 새로운 황금기가 도래한다는 허상이다.

새로운 '도금시대'가 도래한다는 허상

제프 베저스, 피에르 오미디아, 존 헨리. 이들 세 명의 이름을 들으면 뭔가 떠오르는 게 없는가? 이 세 명의 이름에서 미국 미디어의 미래를 보는 사람들이 꽤 있다. 이들 세 부호는 최근 몇 년간 미디어 부문에 수백억 달러를 투자했는데, 그 덕분에 자금 부족에 시달리던 몇몇 신문사가 숨통을 텄고, 해체 직전에 몰린 몇몇 편집국은 고비를 넘겼다.

이베이의 설립자인 피에르 오미디아는 퍼스트 룩 미디어First Look Media 설립에 약 2억5000만 달러를 투자했다. 퍼스트 룩 미디어는 비영리 뉴스편집국과 영리 목적의 기술개

발 회사로 이루어진 하이브리드 기업이다. 에드워드 스노든의 폭로로 이름을 알린 글렌 그린월드 외 기자 20여 명으로 구성된 뉴스편집국은 더 인터셉트라는 탐사보도 전문 온라인 잡지를 창간했는데, 이 잡지는 미국 국가안보국NSA의 감시 행태를 고발했다.

존 헨리는 미국의 투자가이자 보스턴 레드삭스의 구단주로, 7000만 달러를 주고 보스턴글로브를 인수했다. 부동산 개발업자인 더그 맨체스터는 1억 달러 이상을 주고 샌디에이고 유니온트리뷴(이후 제호를 변경해 현재는 유티 샌디에이고U-T San Diego)을 인수했다. 프랑스의 상황도 별다를 게 없다. 프리Free의 최대주주이자 프랑스의 부호 중 한 명인 그자비에 니엘은 르몽드와 르누벨옵세르바퇴르(현재의 롭스—옮긴이)의 공동주주로 메디아파르에도 투자했다. 정보통신계의 부호인 파트리크 드라이는 루라르타 그룹이 보유한 주간지 렉스프레스 등의 신문사를 인수하기 전에 리베라시옹에 자금을 지원해주었고, 이로써 드라이는 신문사부터 TV 채널(I24news)을 아우르는 진정한 미디어 제국을 이루게 되었다.

아마존닷컴의 설립자이자 CEO인 제프 베저스는 2013년 10월 미국 저널리즘의 기념비라 할 수 있는 워싱턴포스트를 2억5000만 달러에 인수했다. 보유 자산이 300억 달러로 추정되는 베저스에게 이 금액은 푼돈에 불과했다. 이 사건은 희소식이었을까? 베저스가 워싱턴포스트를 인수한 후 소속 기자들은 원활한 자금 운영과 독립성을 장기간 보장받게 되었다. 인수 이전 몇 년간 해고 건수가 늘었지만, 인수 이후 워싱턴포스트는 온라인 홈페이지 개편, 심야 뉴스룸 개설, '속보' 전담팀 신설과 함께 투자를 늘리고 기자들도 채용했다. 새 CEO의 무한한 자금력 덕분에 워싱턴포스트는 디지털 시대의 실험실이 되었고, 다시 일어설 수 있는 계기를 갖게 되었으며, 좋은 기업 모델을 모색해보는 시간을 갖게 되었다.

어떤 자유의 죽음

그리고 세상은 워싱턴포스트를 향해 큰 박수를 보냈다. 신문사들이 자금력과 인력을 되찾는 모습을 보고 많은 사람은 두 억만장자의 언론에 대한 관심이 곧 새로운 도금시대의 시작이라고 생각했을 수 있다. 하지만 실상은 다르다. 두 억만장자가 거금을 들여 언론사를 인수해 얻은 것은 다름 아닌 영향력 행사 도구임을 잊어서는 안 된다. 최악의 경우 이들에게 언론사 인수란 그저 '취미생활'에 불과할 수 있다. 자칫 과거의 가족 소유 미디어 제국에 대한 향수 때문에 새로운 미디어 제국의 실체를 놓칠 수 있으니, 그것은 바로 권력 집중이다. 오티스 챈들러와 해리 챈들러가 각각 로스앤젤레스타임스의 수장을 지내면서 공익을 위해 일한다는 사실을 깊이 인식했다면, 이들은 개인의 정치적·경제적 이익을 위해서도—어떤 사람들은 이들이 사익을 최우선으로 여겼을 것이라고 주장한다—신문을 이용했다고 할 수 있다. 여기서 독자들에게 영화 「차이나타운」을 권하고 싶다. 극중 해리 챈들러가 자신이 금융제국을 설립한 과정을 길게 이야기하는데 이것이 꽤 볼만하다. 영화 「시민 케인」도 당연히 봐야 할 영화다.

이미 오래전부터 부호들의 '취미생활'이 존재했지만, 이들의 취미생활이 또다시 본격적으로 시작되면 민주주의에 문제가 된다. 부호들의 투자가 신문사의 숨통을 틔워주고 활기를 불어넣어준다는 것은 부인할 수 없는 사실이다. 하지만 이런 방식이 미래 미디어의 핵심이라고 여겨 이 논리를 극단으로 몰고 간다면 미래 미디어는 큰 위협에 맞닥뜨리게 된다.

왜 그럴까? 정치 후원금을 예로 들어보자. 대부분의 민

94

주주의 국가는 정치 후원금을 엄격히 규제하고, 특히 정당 후원금의 상한선을 정해놓았는데, 캐나다가 대표적인 예다. 프랑스의 경우 정당이나 정치집단을 위한 개인 기부금은 정당별로 7500유로를 초과할 수 없고, 세법상의 1가구가 정당이나 정치집단에게 주는 기부금 및 회비는 매년 최대 1만5000유로다. 게다가 선거 때마다 한 명 이상의 정당후보를 후원할 경우 최대 4600유로까지 가능하다. 미국에서는 2년마다 실시하는 연방선거에서 각 개인에게 허용된 선거운동 후원금은 2014년까지 최대 12만3000달러였다. 이 기준으로 계산해보면 후보자에게 후원할 수 있는 금액은 최대 4만8600달러였고 따라서 각 개인은 후보 1인에게 최대 2600달러를 후원할 수 있었다. 또한 정치활동위원회PAC 후원금은 매 선거 후보 1인당 최대 5000달러였다.•

어떤 이유로 이렇게 상한선을 정하는 것일까? 금전적 압박으로 인한 정당이나 후보 개인의 독립성 저해를 사전에 막기 위해서다. 이런 일이 흔하다보니 드라마에서도 이 주제를 다루기 시작했다. 덴마크 TV 시리즈 「보르겐Borgen」의 극중 인물인 비르기트 뉘보르Birgitte Nyborg는 온건당 대표로, 당의 운영자금을 마련하던 중 누군가에게 받은 거액이 사실은 받아들일 수 없는 청탁(당의 경제계획의 대대적 수

• 미국 대법원은 2014년 4월 2일에 있었던 매커천McCutcheon과 미국연방선거관리위원회FEC와의 재판에서 후원금의 상한선을 정하는 것에 이의를 제기했다. 현재 미국 국민 1인은 2년마다 실시되는 선거에서 최대 347만 달러를 후원할 수 있다. 미국의 연방대법원과 정치 후원에 대해서는 다음을 참고할 것. Robert C. Post, *Citizens Divided*, Harvard University Press, 2014.

정)이었음을 알게 된다. 이 이야기는 민주주의 원칙(1인 1표)
마저 돈으로 매수할 수 있음을 여실히 보여준다.

픽션 외 실제 미국 역사를 보면, 민간의 자금이 과도하
게 유입될 경우 선거제도에 큰 영향을 미치고, 소수 특권층
의 선의가 크게 변질된다는 것을 알 수 있다. 2010년 미연
방대법원의 판결 이후, 특정 정당이나 후보와 관련 없이 팩
PAC에 후원할 경우 후원금 상한선이 사라지게 되었다.(이를
슈퍼팩Super PAC이라고도 부른다.) 이로써 2012년 대선 기간
무려 13억 달러에 이르는 외부 후원금을 모금할 수 있었다.
후원금 관련 유일한 제약(특정 정당이나 후보와 관련 없어야
함)을 사실상 무시하면서 현재 각 후보는 슈퍼팩을 통해 후
원금을 무제한으로 모금할 수 있다. 게다가 기부자들은 신
분을 노출하지 않아도 되므로 모든 과정은 철저히 비공개
로 진행된다. 익명성이 보장되면서 기업은 선거운동에 참여
하게 되었고, 결국 미국 정치계 전체가 부패했다.*

'1인 1표'? 얼마 전 연구자들이 발표한 결과를 보면, 미국
의 정치제도가 최근 수십 년간 심화되고 있는 불평등을 바
로잡지 못한 데는 여러 이유가 있는데, 그중 하나가 부호들
이 돈으로 선거 및 입법 과정에 영향력을 미치는 일이 늘
어났기 때문이다. 상위 0.01퍼센트 부유층 소득 비중은 약

* Timothy K. Kuhner, *Capitalism vs. Democracy. Money in Politics and the Free
Market Constitution*, Stanford, Stanford Law Books, 2014; Lawrence Lessig,
Republic, Lost. How Money Corrupts Congress – and a Plan to Stop it, Twelve/
Hachette Book Group, 2011.

5퍼센트인 반면, 이들의 선거운동 기부금 비중은 40퍼센트를 훌쩍 넘는다.[*] 이는 어떤 결과를 낳았을까? 마틴 길렌스는 여러 저서를 통해 미국의 하위 10퍼센트 극빈층과 중산층의 기호와 최상위 부유층의 기호가 서로 다를 경우, 정부는 최상위 부유층의 기호만을 반영한 정책을 추진한다는 것을 보여줬다.[**]

부호(또는 대기업)들이 미디어에 쏟아부은 거액은, 독립된 양질의 뉴스를 최대한 제공하는 것에 기반하는 미디어의 기능마저 약화시키기에 이르렀다. 이런 이야기를 할 때마다 동일 인물이 거론된다면 분명 우연은 아닐 텐데, 우리를 가장 놀라게 하는 인물은 바로 코크 형제다. 석유화학으로(사실상 아버지에게 물려받은 석유 기업으로) 각자 360억 달러라는 큰돈을 번 코크 형제는 티파티Tea Party 운동(Tea는 'Taxed Enough Already'의 머리글자를 딴 것으로 정부의 세금 인상 정책에 반대하는 운동이다—옮긴이)의 물주이면서도 폭스뉴스와 긴밀한 관계를 맺고 있다. 폭스뉴스의 대주주인 루퍼트 머독은 수십 년 전부터 공화당 선거운동에 거액을 기부하고 있다.

지금이야 코크 형제가 순수한 의도로 미디어를 구하고 양질의 공공재를 생산하고 미디어 산업의 가능성을 믿고

[*] Adam Bonica, Nolan McCarty, Kieth T. Poole & Howard Rosenthal, 'Why hasn't Democracy Slowed Rising Inequality?,' *Journal of Economic Perspectives*, 27(3), 2013, pp. 103~124.
[**] 비교 연구 시 다음을 참조할 것. Martin Gilens, *Affluence and Influence: Economic Inequality and Political Power in America*, Princeton University Press, 2012; Martin Gilens & Benjamin I. Page, 'Testing Theories of American Politics: Elites, Interest Groups, and Average Citizens,' *Perspective on*

투자해 돈을 벌려고 한다고 할 수 있겠지만, 이 의도가 과연 자녀세대에도 지속될까? 새로운 '도금시대'가 도래한다는 허상에서 제기되는 가장 큰 문제는 자녀세대에게 가업 승계 후 어떤 상황이 전개될지, 또 이들이 어떤 변덕을 부릴지 아무도 모른다는 것이다. 이 모델로 미디어의 영속은 어렵다. 실제로 미국의 주요 신문사는 가업 승계 시점에서 상장이라는 실수를 저질렀다.

프랑스의 경우, 후손들이 '자신의' 르누벨옵세르바퇴르를 가지고 무슨 짓을 할까 두려웠던 클로드 페르드리엘 회장은 결국 르누벨옵세르바퇴르의 매각을 결정했다. 리베라시옹이 지금의 어려운 상황에 내몰린 것은 이탈리아 출신 편집인 카를로 카라치올로의 승계가 부분적으로 원인을 제공했다. 이런 이유 때문에 주식회사와 비교해 재단―재단과 비슷한 성격의 미디어 기업―이 훨씬 유리하다. 재단 체제에서 승계자는 투자금을 자유롭게 사용할 수 없다. 이 투자금은 '회수 불가능한 자본'이므로 영원히 유지된다.

현재 프랑스 정당의 주요 재원은 국가 지원금이라는 사실, 미국 선거운동 후원금을 일관된 금액으로 개혁해야 한다고 주장하는 사람이 많다는 사실을 마지막으로 언급하고 싶다. 시장 논리가 정치를 지배해서는 안 된다는 생각

Politics, 12(03), pp. 564~581; Larry M. Bartels, 'The Social Welfare Deficit: Public Opinion, Policy Responsiveness, and Political Inequality in Affluent Democracies,' *Document de travail*, Vanderbilt University, 2015.

이 압도적이기 때문이다. 선거 후보, 유권자, 공공정책은 재화도 투자대상도 아니다. 이와 마찬가지로 민주주의를 빛내기 위해 국민에게 제공되는 뉴스를 온전히 시장 논리에 맡길 수 없다.

3장

21세기를 위한
새로운 모델

"과거 재화[언론]를 소유한다는 것은 이윤을 추구하지 않고 대규모 독자조합에 속한 각 독자가 정기적으로 돈을 모아 자금을 마련해 운영하는 것, 또는 현재 미국처럼 재단 형식으로 운영하는 것으로 여겨졌다니 상상도 할 수 없지 않은가? 그런데 재단 형태를 취한다면 거액 기부자들은 당연히 신문사 운영에 개입할 권리와 수단을 잃게 될 것이다. 거액 기부자들은 신문사 운영에 참여함으로써 자신의 실제 의도를 순수한 것으로 포장할 수 있고, 모든 의혹에서 벗어날 수 있다."

위베르 뵈브메리Hubert Beuve-Méry

(1956년 프랑스 정부 주최 각국 대사 모임에서)

지분 참여와 권력 분배를 기반으로 한 새로운 형태의 미디어 기업 모델은 누구나 고민해볼 수 있을 뿐만 아니라,

이제는 우리에게 꼭 필요하게 되었다. 현재 대다수 신문사는 위기에 봉착해 있는데, 새로운 모델은 위기를 벗어날 수 있는 최선책이다. 따라서 3장에서는 21세기 미디어를 위한 새로운 경제적·법적 모델, 즉 주식회사와 재단의 중간 형태인 '비영리 미디어 주식회사'를 제안하고자 한다.

언론사가 어떤 기업 형태를 가져야 하는가에 대한 논의는 이전부터 있었지만, 프랑스 해방 당시와는 상황이 다른 현재의 인터넷과 크라우드펀딩 시대의 기업 모델에 대해 반드시 재고해야 한다. 이를 위해 미디어를 일반 기업처럼 만들고자 했던 극단적 시도가 낳은 참혹한 결과를 살펴보자. 우선 신문사 상장의 사례를 보자.

시장 논리를 넘어서다

미디어는 일반 기업과 다르다. 미디어의 1차 목적은 공공재 제공, 즉 민주적 토론을 위해 필요한 자유롭고 독자적인 양질의 뉴스를 제공하는 것이지, 이익을 극대화하고 주주에게 배당금을 지급하는 게 아니다. 적어도 미디어는 일반 기업처럼 되어서는 안 될 것이다. 이렇게 되면 대부분의 경우 뉴스가 희생양이 된다.

"만약 네가 나를 갖는다면 넌 모든 걸 갖게 될 거야." 발자크의 소설에서 '나귀 가죽'을 가진 사람은 어떤 소원이든 이룰 수 있다. 대신 어떤 대가를 치러야 할까? "네 목숨은 내 것이 될 거야." 미국 언론사의 상장 일대기가 대표적인 예다. 미국의 여러 신문사는 1960년대부터 상장을 시작했다. 다우 존스 앤 컴퍼니(월스트리트저널 발행)는 1963년에, 뉴욕타임스컴퍼니(당시 뉴욕타임스, 보스턴글로브 발행)와 개닛 컴퍼니(USA투데이 발행)는 1967년에, 워싱턴포스트 컴퍼니는 1971년에 각각 상장했다.

신문사의 상장은 좋은 의도로 시작되었다. 막대한 금액의 상속세를 납부해야 했고, 미국의 미디어 제국 초창기에 아버지 세대가 공익이라는 사명감으로 시작한 사업에는 분명 관심이 없었을 후계자 세대에게 상장은 절호의 기회였을 것이다. 그래서 일부 가족 운영 미디어 기업의 경우, 상장 시 주식을 보통주, 창립자와 그 후계자를 위한 차등의결권주(1주당 보통 의결권 1~10표) 두 종류로 발행해 경영권을 유지하면서도 이익을 챙겼다.

과거 신문사들은 설비를 현대화(사진 식자 등)하기 위해 투자가 절실한 상황이었는데, 이때 상장은 자본을 조달하는 빠르고도 효과적인 수단이었다. 개닛 컴퍼니의 사례에

서 볼 수 있듯이 상장은 현금보다는 주식을 이용하고 합병
을 거듭해 미디어 제국을 건립하는 빠르고도 효과적인 수
단이었다.

　그렇다면 어떤 대가를 치러야 했을까? 상장은 신문사와
민주주의에 있어서 실수였다. 우선 신문사의 경우 상장 초
기에 수익성이 크게 증가했기 때문에 실수라고 하는 게 역
설적이라고 생각할 수 있다. 1990년대 말 미디어 기업들의
상장 후 첫 실적이 발표되었는데, 과거 매출액의 10~15퍼
센트 수준이었던 영업이익이 상장 후 무려 20~30퍼센트에
달했고 상장 신문사의 경우 이보다 더 높았다. 그런데 이
게 좋은 일만은 아니었다.(물론 배당금과 주가 폭등으로 이익
을 본 초기 투자자들은 예외다.)

　사실 영업이익 증가는 상당 규모의 재정긴축이 있었기에
가능했다. 비용을 삭감하고 취재인력을 줄이자 생산되는
뉴스의 품질은 당연히 떨어졌다. 매출액보다 수익과 현금자
산이 더 빨리 증가할 때부터 이미 모든 게 결정되었다. 비
용 삭감과 뉴스의 품질 저하라는 대가를 치르고 수익성 증
가라는 결과를 얻은 것이었다. 시카고트리뷴의 경우 상장
후 5년간 수익은 연 23퍼센트씩 가파르게 성장했지만 매
출액은 단 9퍼센트 성장했고, 그 결과 비용이 대폭 삭감되

• James O'Shea, *The Deal from Hell. How Moguls and Wall Street Plundered Great American Newspapers*, New York, PublicAffairs, 2011.
•• Gilbert Cranberg, Randall P. Bezanson & John Soloski, *Taking Stock. Journalism and the Publicly Traded Newspaper Company*, Mississauga, Wiley, 2001.

었다.* 그리고 나귀 가죽은 가차 없이 줄어들었다.(발자크의 소설 『나귀 가죽』에서 나귀 가죽을 지닌 사람은 원하는 소원을 모두 이룰 수 있으나 나귀 가죽을 사용하는 만큼 생명과 나귀 가죽이 줄어든다.—옮긴이)

게다가 수익성 증가는 민주주의를 대가로 치르고 얻은 것이었다. 신문사 상장 후 발행부수가 줄어들었는데, 놀랍게도 투자자에게 발행부수 감소는 희소식이나 다름없었다. 왜 그랬을까? 발행부수 축소는 광고 수입을 늘리기 위해 부유층 독자를 집중 공략하는 의도적인 마케팅 전략이었기 때문이다. 2000년대 초반까지만 해도 미국 신문사 수입의 80퍼센트 이상이 광고비였음을 떠올려보자. 발행부수 축소로 시장이 세분화되고 신문 가격이 상승했으며, 무엇보다 언론에서 소외받는 사회계층이 점점 늘어나게 되었다.

소외계층은 이중고를 겪었다. 신문 가격이 지나치게 높게 책정되었던 탓에 극빈층은 신문과 완전히 멀어지게 되었다. 신문사가(정확히는 광고가) 공략하는 독자층이 없는 일부 지역사회는 언론에서 버림받아 언론과 완전히 멀어지게 되었다. 신문사뿐만 아니라 지역의 TV(영업이익이 50퍼센트를 넘을 때도 있다)와 라디오마저 이윤 추구 행렬에 동참해 양질의 지역 뉴스를 다루지 않게 되었다.** 미국은 지역 공공

---

* James O'Shea, *The Deal from Hell*, op. cit.
** 최근 연방통신위원회가 발표한 보고서를 보면, 지역 뉴스를 접할 수 없는 지역사회가 점점 늘어나고 있다고 한다. FCC, *The Information Needs of Community. The Changing Media Landscape in a Broadband Age*, 2011.

행정 관련 뉴스 보도를 의무 사항으로 규정하지만, 그 누구도 이를 지키지 않는다.•

　2000년대 초반부터 종합언론사 수입 중 광고비 비중이 점점 줄어들면서 상장 신문사들은 실패를 경험하고 있다. 광고와 수익성이라는 이중 허상에 사로잡혀 있던 상장 신문사들은 수익이 급감하는 것을 지켜볼 수밖에 없다. 그리고 영업이익 극대화 전략을 실행한 혹독한 대가를 치르고 있다. 뉴스의 품질 하락은 많은 잠재 독자의 무관심과 신문 구입 거부라는 결과로 나타났기 때문이다. 미디어 대제국의 몰락으로―보유 신문사를 매각하는 미디어 그룹들이 점점 늘어나고 있다―상장은 사실상 실패작임이 증명되었는데, 이는 신문사의 실패는 물론 민주주의의 실패이기도 하다.

시장 논리와 상장

　그러므로 뉴스미디어는 시장 논리에서 자유로워야 한다. 이윤만 추구하다보면 독자적인 양질의 뉴스 제공이라는 원래의 목적을 잊게 되기 때문이다. 신문사들은 애초에 상장을 하지 말았어야 했다. 미국의 경우 상장 기업은 법에 따

• Markus Prior, *Post-Broadcast Democracy. How Media Choice Increases Inequality in Political Involvement and Polarizes Elections*, Cambridge, Cambridge University Press, 2007.

라 주주를 위해 이익을 극대화해야 하는 신임의 의무를 갖는다. 이 의무는 미국신문편집인협회 선언문에서 언급되는 '윤리적' 의무와 모순된다. 윤리적 의무란 공공재 제공을 의미한다. 교육과 연구라는 윤리적 의무를 지닌 대학의 상장 역시 있어서는 안 되는 일이다.

프랑스의 경우, 르몽드의 상장 가능성이 오래전부터 언급됐으나 결국 실현되지는 않았다. 프랑스 신문사의 주식이 금융시장에서 거래되지 않는다고 해서 시장 논리를 과소평가해서는 안 된다. 대다수 신문사는 주식회사의 형태를 취하고 신임의 의무가 없는데도, 양질의 뉴스 생산에 온 힘을 쏟기보다는 이윤을 추구한다. 언론 재화의 특성상 이윤 추구와 거리가 먼 것은 아니기 때문이다.

프랑스가 독일로부터 해방될 때 언론사만의 특별한 기업 모델이 필요하다는 주장이 제기됐지만, 몇몇 모험적 실험—편집인조합과 독자조합—과 협동조합형 기업을 제외하면 이런 주장은 잊혔다.

비영리 미디어

미국, 독일, 영국, 아일랜드에서는 오래전부터 비영리 언론사가 다수 등장하면서 신문사는 좀더 혁신적인 모습을 갖추게 되었다.

미국에는 비상업적으로 미디어를 소유하는 사례가 많다. 보이스 오브 아메리카 같은 국가 소유 미디어, 대학교의 후원을 받는 미디어(애리조나주립대의 더 스테이트 프레스, 오클라호마 워치, 인터내셔널 리포팅 프로젝트가 대표적이다), 재단 형태의 미디어가 있는데 이에 대해서는 추후 다시 살펴보겠다.

독일 및 유럽 최고의 미디어 그룹이자 전 세계 주요 미디어 그룹 중 하나인 베르텔스만은 베르텔스만 재단이 소유하고 있다.

베르텔스만이라는 이름을 듣고 무슨 생각이 떠오르는가? 베르텔스만은 막대한 자금(2013년 기준 수입은 164억 유로, 순익은 8억7000만 유로, 임직원은 11만 명)을 운용할 뿐만 아니라, 프랑스˙와 미국의 미디어 부문에서 확고한 입지를 구축했다. 베르텔스만은 세계 최고의 출판사인 펭귄랜덤하우스의 대주주이고, 2004년부터 2008년까지 당시 세계 1위 음반회사인 소니 비엠지의 지분 절반을 보유했다.

베르텔스만의 사례가 과연 완벽한 해결책일까? 전 세계 미디어의 미래 모델이 될까? 미디어 기업에 적용된 재단의

• 모기업 에르테엘RTL과 마찬가지로, 베르텔스만은 프랑스 라디오 부문(에르테엘, 에르테엘되RTL2, 펀 라디오Fun Radio)과 TV 부문(엠시스 그룹groupe M6)에 진출해 있다. 또한 베르텔스만은 프리즈마 미디어Prisma Media의 대주주로 언론 부문(카피탈Capital, 베에스데VSD, 부아시Voici, 갈라Gala, 텔레 루아지르Télé Loisirs)에도 진출해 있다.

장점과 한계를 극단적으로 보여준다는 점에서 베르텔스만의 사례는 매우 흥미롭다. 재단이 소유한 미디어의 장점으로는 재단만의 안정성, 무엇보다 창립자가 재단 자산을 가져갈 수 없다는 것인데 이는 보통 장점이 아니다. 1835년 설립된 베르텔스만의 주요 주주는 1977년 설립된 베르텔스만 재단으로, 당시 그룹 소유주였던 라인하르트 몬은 1993년 자신이 소유한 주식 대부분을 재단에 양도했다.

이로써─상장을 계속 거부했던─베르텔스만은 (특히 가업 승계 시) 큰 안정성을 확보했고, 직원 역시 수익분배 제도 덕분에 이익을 얻게 되었다. 가업을 승계한 후손은 베르텔스만 재단에 양도된 주식에 전혀 손을 댈 수 없게 되었다. 베르텔스만 재단은 베르텔스만이 재정적으로 성장하는 데 걸림돌이 되지 않았다. 베르텔스만은 신용평가사의 평가를 받았고, (상장)채권과 (상장)'수익분배 보증서'를 발행하고 있다.

그렇다면 재단 소유 미디어의 한계는 무엇일까? 위베르 뵈브메리의 말을 다시 빌리자면, '거액 기부자'들은 베르텔스만의 경영에 '개입할 권리'도 '수단'도 잃지 않았다. '수익분배 보증서'는 일종의 증권으로 이를 소유한 자는 주주가 아니므로 의결권을 갖지 않는다. 베르텔스만에 대한 모든 의결권은 베르텔스만 재단이 관리하는 베르텔스만 경영자문회사가 가지고 있다. 이 경영자문회사는 창립자 가족의 의결권도 관리하는데, 회장은 바로 라인하르트 몬의 아내인 리즈 몬이다. 리즈 몬은 베르텔스만 재단과 경영감독위원회에서 각각 부회장을 맡고 있고, 아들 크리스토프 몬과 딸 브리기테 몬 역시 같은 곳에서 일하고 있다.

1835년 카를 베르텔스만이 설립한 이래 베르텔스만의 회장직은 하인리히 베르텔스만(창립자의 아들), 요하네스 몬(하인리히 베르텔스만의 사위)이 맡았고, 이후에도 몬 가문 출신이 회장에 선출되었으며, 1947년 라인하르트 몬이 회장직에 취임하면서 몬 가문이 5대째 회장직을 맡게 되었다. 2009년 라인하르트 몬이 사망하면서 현재는 아내인 리즈 몬이 회장직을 맡고 있다. 재단형 기업은 분명 성공의 요인으로 작용했으나, 특정 가문이 경영권을 독점하는 데 남용되었다.

베르텔스만/몬 가문은 이런 식으로 독일의 주력 미디어 기업의 경영권을 6대째 독점해왔다. 자신은 21세기 폭스의 경영에서 손을 떼고, 회장직은 작은아들인 제임스 머독에게, 부회장직은 큰아들인 라클런 머독에게 물려준 루퍼트 머독 가문과 대체 뭐가 다르단 말인가? 권력과 영향력이라는 문제 외에도 재단에 세제 혜택을 부여하는 게 적절한지 의문이 제기된다. 정관에 의거해 영속되는 이사회의 일원으로 의결권을 독점한 극소수 개인들 간에 권력이 승계되는 것을 왜 세제 혜택을 주면서까지 지켜보아야 하는가?

운영과 주식

베르텔스만의 사례를 보면, 미디어 운영과 관련된 전반적인 문제를 해결하는 데 재단은 별 도움이 되지 않는다. 특히 의결권 행사와 지분이라는 민감한 문제도 있다. 의결권은 지분에 정비례해 부여해야 하는가? 만약 그렇다면 이에 맞설 수 있는 대항력은 무엇일까?

주식회사에서 대항력은 존재하지 않는다. 지분을 가진 사람이 의결권도 갖는다. 여기에서 문제가 발생할 수 있는데, 지분 보유자는 자신이 소유한 미디어를 활용해 독자적인 양질의 뉴스를 제공하기보다는 자신만의 (경제적 또는 정치적) 계획을 실현하려 들 수 있기 때문이다. 정당의 경우이 문제를 해결하고자 '투자' 가능액 상한선을 정해놓았다. 미디어의 경우, 투자액 상한선을 정하는 것은 어려워 보인다. 설령 가능하다 할지라도 자기자본 부족으로 고통받는 미디어에게 어떻게 해결책이 될 수 있겠는가? 오히려 자본 유치가 가능하도록 해야 한다.

이 책은 재단의 이점을 인정하고 실제로 재단 모델에서 아이디어도 얻었지만, 바로 위에서 설명한 이유 때문에 새로운 미디어 기업 모델, 즉 재단과 주식회사의 중간 형태인 '비영리 미디어 주식회사'를 제안한다.

비영리 미디어 주식회사의 목적은 두 가지다. 첫째, (여러 세제 혜택을 통해) 미디어의 자본 유치를 용이하게 하고, 이렇게 유치된 자본은 회수가 불가능하도록 하는 것이다.˙ 둘째, 구속력 있는 정관을 통해 외부주주의 의결권을 규제하는 것이다. 정관을 통해 독자조합과 직원조합에 새로운 자리를 마련해주고 크라우드펀딩을 장려하는 법적 규제와 세제를 마련한다. 비영리 미디어 주식회사에서는 일정 기준을 넘으면 지분에 정비례해 의결권이 부여되지 않는다. 반면 소액주주의 의결권은 그만큼 늘어나게 된다. 이렇게 하면 새로운 방식으로 권력과 주주를 정의하게 된다.

비영리 미디어 주식회사가 정확히 어떤 모습을 띠게 될지 구체적으로 살펴보기에 앞서, 현재 전 세계의 비영리 미디어와 이들의 장점과 한계를 알아보자.

˙ 이는 재단과 같다. 유치된 자본의 회수가 불가능해지면 미디어가 이를 사용할 수 있게 된다.

전 세계의 비영리 미디어

역사적으로 보면 재단 형태를 취해 오랫동안 독립성을 유지한 미디어 중 하나는 영국 언론의 기념비인 가디언이다. 사실 가디언 미디어 그룹이 가디언을 소유하고, 가디언 미디어 그룹은 비영리 재단인 스콧 트러스트Scott Trust에서 운영한다. 1936년에 설립된 스콧 트러스트의 목표는 가디언의 독립성을 영원히 보장하는 것이다. 아일랜드의 대표 신문 아이리시타임스는 1859년에 창간되었는데, 1974년 아이리시타임스트러스트 재단의 소유가 되었다.

독일의 경우 앞서 베르텔스만 재단을 예로 들었다. 독일의 보수·자유주의 성향의 유력 일간지 프랑크푸르터알게마이네차이퉁(일일 발행부수 30만 부 이상)의 지분 93퍼센트는 파지트FAZIT 재단이 보유한다.

발행부수로 보나 독자 수로 보나 프랑스 국내 일간지 1위인 우에스트프랑스는 1990년대 초부터 비영리 단체(프랑스 법에서는 '1901년법에 따른 아소시아시옹association'이라고 부른다)에서 소유한다. 비영리 단체에서 신문사를 소유하게 됨으로써, 신문사는 독립성을 유지할 수 있게 되었고, 주식 취득을 통한 경영권 이전을 피할 수 있었다.(1901년 전까지만 해도 주주들은 가장 높은 가격을 제시하는 사람들에게 자신이 보유한 주식을 팔 수 있었다.)* 라몽타뉴의 사례도 있다. (창립자 고 알렉상드르 바렌의 아내인) 마르그리트 바렌이 재단을 설립해 (기부의 형태로) 자신이 보유한 라몽타뉴 주식 대부분을 재단에 양도한 이유는 바로 라몽타뉴의 자본을 보존하고, 주식 취득을 통한 경영권 이전을 피하고, 신문사의 독립성을 보존하기 위해서였다.

하지만 비영리 언론사가 가장 많은 나라는 박애의 나라로 알려진 미국이다.**

서론에서 언급했듯이, 미국의 대표적 온라인 탐사보도 전문 매체인 프로퍼블리카는 샌들러 부부가 기부한 수백만 달러의 기부금으로 2008년에 창간되었는데, 당시 28명이었던 기자는 현재 43명으로 늘어났고, 그동안 퓰리처상을 두 차례나 수상했다.

프로퍼블리카는―규모나 성공의 수준으로 보았을 때 대표적인 사례라 말할 수 없다―비영리 저널리즘의 한 예에 불과하다. 대표적 성공 사례로 탬파베이타임스(구 세인트피터스버그타임스)가 있는데, 비영리 언론교육기관인 포인터인스티튜트가 소유하고 있다. 2009년 창간된 텍사스트리뷴은 여러 재단과 개인의 기부금으로 운영되고 있다. 이외에도 크리스천사이언스모니터, 전 세계 주요 뉴스통신사 중

• 이 비영리 단체는 우에스트프랑스 운영사의 주식을 보유해 우에스트프랑스의 독립성을 보장한다. 비영리 단체 이사회의 동의 없이 그 누구도 이사가 될 수 없다.

•• '비영리'에 대한 미국의 법적 정의는 매우 정확한 편이다. 미국 국세청Internal Revenue Service의 세법 501(c)(3)에 따르면, 어떤 단체가 자신의 이익을 배당금으로 지급하지 않고 스스로에게 재투자할 때 이 단체를 '비영리' 단체라고 한다. 개인 기부금은 면세 대상이고, 비영리 단체는 일부 연방세를 면제받는다. 세법 501(c)(3)의 적용 대상이 되려면 언론사는 사회의 교육 수요를 충족한다는 것을 입증해야 한다.

하나이자 전 세계에서 가장 오래된 협동조합 중 하나인 AP 통신을 빼놓을 수 없다.

그렇다면 '비영리'가 현재 미디어 위기의 유일한 해결책이라고 할 수 있는가? 앞서 소개한 사례는 특별한 경우이고, 현존하는 비영리 미디어 대부분은 영세하고 적은 취재 인력과 빠듯한 예산으로 운영되기 때문에 사실상 비영리만으로는 역부족이다. 퓨리서치센터의 연구에 따르면, 대다수 비영리 미디어에서 일하는 전일제 직원은 5명 이하로 심지어 일부 미디어에는 단 한 명도 없다고 한다. 이 기준으로 볼 때 프로퍼블리카는 또 다른 비영리 탐사매체로 직원이 73명인 탐사보도 센터Center for Investigative Reporting와 더불어 비영리 미디어계의 거인으로 여겨진다. 이 두 미디어는 '틈새' 저널리즘 분야에서 매우 구체적인 주제를 다룬다.

이 두 미디어가 민주주의에 약간의 활기를 불어넣고, 기존 미디어의 비용 절감 정책으로 인해 생긴 공백을 메운다 하더라도, 이들이 기존의 신문사를 대체하긴 어려울 것 같다. 온라인 전문 매체는 온라인신문과 같은 어려움을 겪고 있기 때문이다. 비영리 미디어 사이트에 1회 접속 시 접속자가 머무는 시간은 평균 2분으로, 온라인신문 사이트에 머무는 평균 시간의 절반이고, 이는 종이신문을 읽는 데 보내는 시간보다 훨씬 적다.*

　이 같은 어려움은 재단 자체에서 발생하는 게 아니라 오히려 재단이 보유한 자본 부족에서 기인하며, 이는 낯선 이야기가 아니다. 재단은 수입에 거의 의존하지 않고 시장 논리를 버리고 독자를 최우선으로 여기면서도 정작 재원 마련에 있어서 독자를 완전히 배제했다. 그렇다보니 재원 마련을 위해 대대적으로 크라우드펀딩 모금을 실시한 미디어는—비영리 여부를 떠나—거의 없었다. 대규모 크라우드펀딩을 실시한 보이스오브샌디에이고('더비거보이스펀드The Bigger Voice Fund')를 제외하면, 크라우드펀딩을 실시하는 미디어도 거의 없거니와 크라우드펀딩 모금액도 극히 적다. 과거 재단은 각 개인이 기부하는 소액보다는 소수의 부호, 기업, 재단이 기부하는 거액을 선호했다. 그런데 여기서 두 가지 문제가 발생한다. 첫째, 미디어는 소수 부호의 과도한 영향력을 고스란히 받게 되고, 이는 민주주의를 위협하는 요소가 된다. 둘째, 미디어는 경기 급변 상황에 취약해지고, 특히 재정적으로 취약해진다.

　마지막으로 프랑스와 미국에서 재단형 미디어 외 기타 대안 모델의 발전을 저해하는 요소 중 하나가 재단에 적용되는 복잡한 세제임을 짚고 넘어가자. 미국의 경우, 비영리

• 다음 두 보고서를 볼 것. Pew Research Center, *Nonprofit Journalism: A Growing but Fragile Part of the U.S. News System*, June 2013; Knight Foundation, *Finding a Foothold. How nonprofit News Ventures seek Sustainability*, 2013.

뉴스미디어가 법인세를 면제받고 기부금 면세 혜택을 받으려면 반드시 세법 501(c)(3)에서 요구하는 조건을 충족해야 하는데 이는 보통 까다로운 일이 아니다. 언론사가 이 세법에 명시된 '사회의 교육 수요' 충족을 입증하는 건 특히나 어렵다.

미국에서는 미디어 자체가 공익사업으로 인정되지 않으므로, 미디어를 재단으로 인정받으려면 전적으로 교육 목적을 지닌 재단과 손을 잡아야 한다. 이런 편법을 통해 현재 미국의 비영리 언론사 중 약 3분의 2는 세법 501(c)(3)을 충족하는 다른 기관(예를 들면 대학)으로부터 보조금을 받고, 나머지 3분의 1만이 독립적으로 운영된다. 그동안 신문사가 좀더 쉽게 세법 501(c)(3)의 조건을 충족시키는 것을 주요 골자로 한 법안이 여러 차례 상정되었으나—미국 메릴랜드 주의 벤 카딘 상원의원의 법안이 대표적이다—지금껏 아무런 진전이 없다.•

프랑스에서도 비영리 단체가 되려면 매우 복잡한 과정을 거쳐야 한다. 경제선진화법의 일환으로 2008년 '기부기금fonds de dotation'이 신설되었는데, 기부기금의 조성 절차는 매우 단순하고 기부자는 세금 감면 혜택을 받는다. 그런데 미디어에는 기부기금이 허용되지 않는다. 기부기금을 조성

• Robert W. McChesney, Victor Pickard(Eds.), *Will the Last Report Please Turn Out the Lights? The Collapse of Journalism and What can be Done to Fix it*, New York: The New Press, 2011. 아래 책의 5장에서 서자들은 세법 501(c)(3)의 대안을 제시하는데, 법적으로 영리법인과 비영리법인의 중간 형태인 저수익유한책임회사Low-Profit Limited Liability Corporation(L3C)를 신문사에 허용해야 한다고 주장한다. Leonard Downie Jr. & Michael Schudson, *The Reconstruction of American Journalism*.

하려면—미국 세법 501(c)(3)에서 요구하는 것처럼—반드
시 사회, 문화, 교육, 스포츠, 구호를 위한 공익활동을 해야
한다. 그런데 공익활동 영역에서 미디어는 제외되었다. 현재
프랑스 공권력 측에서 미디어를 위한 공익활동도 기부기금
조성 요건에 포함시키려는 움직임이 있는데, 이는 매우 반
가운 소식이다. 또 다른 대안은 언론의 다원주의를 공익활
동으로 정의하는 것이다. 미디어를 지식생산 생태계의 일부
로 보는 것이 얼마나 중요한지 뒤에서 설명하겠다.

독립의 대가

　지금껏 본 프랑스와 미국의 사례를 통해 우리는 여전히
망설이고 있음을 확인했다. 뉴스미디어는 대학처럼 공공재
를 제공한다는 생각이 힘을 얻고 있다. 그렇다면 국가 지원
은 물론 각종 후원, 기부금 면세 혜택, 세금 면제 등을 통
해 미디어를 지원하는 것은 당연한 일이다. 그런데 미디어
는 이윤을 추구하는 기업이기도 하므로—대다수는 주식회
사다—언론사는 어떤 근거로 세금 면제 혜택을 받아야 할
것인가? 예를 들어 대기업 소유 언론사(다소 소유 르피가로,
베저스 소유 워싱턴포스트)에 일반 기업과 마찬가지로 세금

을 부과하는 건 어떨까?

　이미 프랑스 외 여러 국가의 언론사―신문사 포함―
는 매우 낮은 부가가치세율을 통해 일정한 세금 감면 혜택
을 받고 있음을 떠올려보자. 그리고 비영리 사업의 정의 기
준은 이윤 추구 사업의 부재가 아닌 이윤을 추구하지 않는
경영임을 짚고 넘어가자. 특히 모든 이익은 재투자되고, 배
당금으로 지급되어서는 안 된다. 현재 언론사의 상황을 고
려하면 불리할 게 전혀 없다.

　이제는 미디어가 지식경제의 일부임을 염두에 두고 생각
해보자. 공연예술과 영화의 경우, '경영 시 이윤을 추구하지
않고, 공연예술과 영화의 대중 보급'을 목표로 하는 민간단
체는 후원 기부금에 적용되는 세제 혜택을 받을 수 있다.
'사업세 납부 의무를 지닌 민간단체'도 이 혜택을 누릴 수
있다. 언론사 역시 경영 시 이윤을 추구하지 않는다면 민간
단체라 볼 수 있고, 언론사는 양질의 뉴스를 대중에게 보
급하는 것을 목표로 하므로 후원으로 발생한 이익을 '직접'
누릴 수 있어야 한다. 이윤 추구가 주된 활동이라면(대다수
언론사가 이에 해당된다) 이윤 추구를 전담하는 계열사나 자
회사의 설립을 기술적으로 생각해볼 수 있다.

　자세한 법적 문제는 여기에서 더 이상 언급하지 않겠다.

법적 문제를 다루는 것은 이 책의 목적을 벗어나고, 국가별
로 관련 법적 기준이 다르기 때문이다. 또 이 책의 핵심은
프랑스나 미국의 법적 규제의 특수성과 이의 개선 방향을
논하는 게 아니기 때문이다. 이 책에서는 프랑스의 기부기
금과 미국의 세법 501(c)(3)에 의한 세제 혜택이 언론사에
도 적용된다면 상당한 진전이 될 것임을 강조하고자 한다.
그 이유는 다음과 같다. 첫째, 현재의 언론사 후원 절차는
지나치게 복잡하다. 둘째, 언론사 후원 절차, 국가의 언론사
지원제도를 단순화해야 한다. 셋째, 무엇보다 재단은 현재
와 같은 미디어의 위기 상황에서 영속성이라는 결정적 이
점을 부여한다. 모든 종류의 재화와 권리는 재단에 무상으
로 귀속되고, '회수 불가능'하다. 따라서 언론사는 장기적으
로 독립성을 보장받게 된다.

한계

　재단이 여러 이점을 지닌다 한들 재단만으로는 모든 문
제를 해결할 수 없다. 이런 이유로 새로운 모델도 동시에
모색해야 한다. 프랑스의 기부기금은 조성 절차가 단순하
다는 장점이 있지만, 정관 작성에 대한 아무런 제약이 없

다는 점에서 이 장점은 사실상 약점으로 작용한다. 지분을 보유한 각 개인이 자신의 의결권을 온전히 지키는 방향으로 정관을 작성해도 이를 막을 길이 없다. 또한 특정 가문이 상속세도 내지 않고, 직원이나 크라우드펀딩 투자자에게 일말의 기회도 주지 않고, (영속되는 이사회와 더불어) 대대손손 의결권을 보유하는 것도 막을 길이 없다. 민주주의가 그렇듯이, 권력 일부를 포기할 때에만 면세 혜택이 부여되어야 한다.

좀더 자세히 설명하자면, 창립자는—사실상 기업의 대주주와 같다—자신의 의결권을 다른 사람들과 나누는 것에 동의해야 한다. 그리고 이 의결권은 소액 기부자에게 부여되어야 한다. 이로써 소액 기부자는 지분을 보유할 수 있게 되는데, 지분 보유의 목적은 배당금 수령이 아니라—비영리 단체는 원칙상 배당금을 지급하지 않는다—바로 의사결정에의 참여다. 직원들에게도 의결권이 주어져야 한다. 의사결정 과정에 참여 의지를 조금이라도 내비친다면 기자 또한 (여타 직원처럼) 기업이 앞으로 나아갈 방향을 결정하는 자리에 함께할 수 있다.

이렇게 하면 모두에게 이익이 된다. 필자가 이 책에서 제안하는 비영리 미디어 주식회사란 재단의 이점(자본의 영속성, 뉴스 품질을 저하시키면서 이익 극대화를 꾀하는 대신 뉴스를 공공재로 여기는 것)과 주식회사의 이점(다양한 주주제, 주주에 대한 새로운 정의, 대주주의 의결권 제한을 조건으로 하는 민주적 의사결정)을 결합한 기업 모델이다. 이에 대해 자세히 살펴보기 전에, 전 세계 미디어 기업의 민주적 경영 방식에 대해 알아보자.

협동조합의 사례

사실 전 세계적으로 주식회사를 대체할 기업 형태를 만들려는 시도가 여러 차례 있었다. 프랑스의 경우, 노동자협동조합scop이 있는데, 노동자 주주들이 모여 함께 일할 기업을 설립하고, 이들이 직접 또는 이들이 선출해 권한을 위임한 대리인이 조합을 운영한다. '1인 1표'라는 원칙을 적용해 기업에서 민주주의를 실현하는 것이다. 프랑스의 지역일간지인 리옹 레퓌블리켄은 1955년부터 SCOP이었다가 2008년 상트르 프랑스그룹에 인수되었다. 또 다른 지역일간지인 르쿠리에 피카르는 2009년까지 SCOP이었다. 영국의 경우, 1980년대 초반에 높이 평가받던 이스트엔드뉴스는 단 몇 년간 협동조합 형태를 유지했고, 뉴스온선데이는 불과 몇 개월밖에 버티지 못했다.

미국의 경우, 몇몇 신문사는 지금까지도 협동조합 형태를 유지하고 있는데, 대표적으로 위스콘신 주의 인터카운티리더가 있다.(인터카운티 출판협동조합 발간) 하지만 그동안 미디어 부문에서 협동조합 형태의 신문사는 거의 없었고, 그나마 협동조합 형태를 띤 극소수 신문사들은 재정 상태가 매우 좋지 않다.* 직원조합에서 (부분적으로나마) 소유하는 신문사 수 역시 매우 적다. 미국 아이오와 주의 도시인 시더래피즈에서 발행되는 일간지 가제트가 대표적이다. 오마하월드헤럴드의 경우 2011년 버크셔해서웨이에 인수되기 전까지는 미국에서 가장 큰 직원조합 신문사였다. 그러나 우리사주제도ESOP를 본떠 만든 직원사주제도는 미디어 부문에서 제대로 뿌리내리지 못했다.**

프랑스도 상황은 마찬가지다. 직원이 지분을 보유하는 노동자경영참여주식회사SAPO*** 는 여전히 우리에게 생소하고, 2009년까지 SAPO 형태를 유지하던 지역일간지 라 누벨 레퓌블리크 뒤 상트르우에스트를 제외하면 미디어 부문에서 SAPO형 기업은 없다. 독일에는 프랑스의 SAPO 같은 기업은 없지만, 독일 제1의 뉴스 주간지 슈피겔의 주주는 바로 직원이다.(직원조합에서 지분의 50.5퍼센트를 보유한

• 미국의 한 지역 뉴스 협동조합은 인터넷 뉴스 사이트인 헤이버힐 매터스Haverhill Matters를 개설하면서 많은 어려움을 겪었고 아직까지도 재원 마련에 고심하고 있다. 이 사례를 통해 미디어 부문에서 협동조합의 한계를 알 수 있다.
•• 우리사주제도의 이점과 영향력에 대해 더 알고 싶다면 다음을 볼 것. Joseph R. Blasi, Richard B. Freeman & Douglas L. Kruse, *The Citizen's Share. Putting Ownership Back into Democracy*, Yale University Press, 2013.

다.) 하지만 자격 제한이 있다. 종이잡지 기자만 주주가 될 수 있고, 온라인 기자는 주주가 될 수 없다. 그래도 독일 기업은 직원대표단의 이사회 참석을 보장한다.(보통 공동결정 제도라고 부른다.)

그런데 극히 일부 사례를 제외하면 민주적 경영 시도가 항상 실패한 것은 무슨 이유인가?[*] 프랑스의 리온 레퓌블리크와 르쿠리에 피카르는 재정이 악화되면서 더 이상 독립성을 유지할 수 없었는데, 이것이 바로 직원조합의 한계다. 신문사는 많은 자기자본과 상당한 투자(윤전기 구입, 사무 전산화 등)가 필요한 기업이다. 그런데 민주적 관점에서의 협동조합의 장점은 간혹 조합원 간의 비효율적인 재분배를 야기하기도 한다.[**] 그래서 투자를 해야 할 때 금고가 텅텅 비어 있는 상황이 발생하는 것이다. 그리고 1984년 창간 이후 SCOP 형태를 유지하는 유일한 잡지인 알테르나티브에코노미크는 정관에서 이익의 일부를 반드시 재투자해야 한다고 명시하는데, 이렇게 재투자된 금액은 기업의 자기자본이 된다. 기업 규모가 커질수록 기업 경영이 복잡해지고, 이때—협동조합 관점에서의—완전한 민주적 운영은 어려운 데다가 문제마저 발생한다.

직원주주제는 신규 투자자의 유입을 저해하는 경향이

[***] Société Anonyme à Participation Ouvrière(SAPO). 1917년에 제정된 법에 따라 처음 도입된 SAPO는 일반주식(자본주식)과 노동주식 두 가지를 발행한다. 노동주식은 노동자협동조합을 통해 직원들에게 양도된다.

있기도 하다. 프랑스 법은 SAPO형 기업에서 지분 대비 각 조합원의 업무를 정하는 문제를 기업의 재량에 맡긴다. 지분 대비 업무를 수정할 경우 정관도 수정해야 하는데, 정관 수정은 보통 어려운 일이 아니다. 게다가 신문사가 신문과 편집국을 포기하지 않을 때만 협동조합은 (대기업이 인수를 시도하는 등의 상황에서) 신문과 편집국의 독립성을 보장한다.

따라서 철저한 경제적 논리(무조건 1인 1표이므로 금권정치의 가능성 존재)와 철저한 민주적 논리(각 조합원의 보유 지분이나 투자 여부와 상관없이 1인 1표) 사이의 중간점을 찾는 게 가장 어렵다. 주식회사의 논리로는 문제를 해결할 수 없음을 앞서 보았는데, 과거 사례에서 알 수 있듯이 협동조합의 논리 또한 미디어 부문에 부적합하다.

이런 이유로 중간적 형태의 기업 모델을 모색해야 한다. 즉, 소수가 권력을 독점하지 않고, 직원과 독자와 크라우드 펀딩 투자자가 발언권을 가지며, 일정 기준까지는 투자를 많이 할수록 의결권도 많아지는 기업 모델이 필요하다.

새로운 모델: 비영리 미디어 주식회사

필자가 이 책에서 제안하는 비영리 미디어 주식회사는

▲ 현재 인터카운티 리더 외에도 협동조합 신문사가 몇 개 있다. 영국에는 더 웨스트 하일랜드 프리 프레스The West Highland Free Press가 있고, 캐나다에는 미디어 코옵 Media Co-op이 있다. 미디어 코옵은 지역 뉴스를 전하고 지역활동 참여를 장려한다. 독일의 타게스차이퉁Die Tageszeitung(TAZ) 역시 협동조합의 형태로 운영된다. 보유 지분과 관계없이 '1인 1표'라는 원칙에 따라 독자(조합원) 약 1만5000명이 신문사를 소유한다. 각 독자는 500~2만5000유로로 범위 내에서 원하는 금액을 출자하면 조합원이 될 수 있다.

복합형 모델이다. 부분적으로는 세계 유명 대학의 모델을 차용해 영리성과 비영리성을 적절히 조화시킨다. 뿐만 아니라 자본을 동결해 재원을 보장하고, 구속력 있는 정관 작성으로 외부주주의 의결권을 규제한다.

주식회사의 투자 유치는 두 가지 문제를 야기한다. 첫째, 기존 주주 입장에서는 지분이 희석돼 이익에 대한 권리가 축소되고 보유 주식의 가치가 하락한다. 그런데 비영리 미디어 주식회사에서는 이런 위험이 존재하지 않는다. 비영리 미디어 주식회사는 배당금을 지급하지 않고, (재단과 마찬가지로) 주주는 자기가 투자한 자본을 회수할 수 없다.

둘째, 기존 주주의—'정치적' 권력인—의결권이 사라진다. 그런데 재단에서는 이런 위험 역시 없다. 후원자들은 자본을 출자하지 않는 단순 기부자다. 외부에서 기부금이 얼마가 들어오든 이사회는 자신의 자리를 지키며 권력을 유지할 수 있다. 비영리 미디어 주식회사는 기존 주주의 의결권을 보호하는 한편, 단순 기부자 이상의 역할을 하는 소액 기여자에게 권력을 부여해, 정치적 권력의 희석이라는 문제를 색다르면서도 한층 민주적인 방식으로 풀어나간다.

오늘날 미디어가 직면한 주요 위험은 금권이다. 손실액이 증가하면서 자기자본이 사라지자 미디어 기업들은 자본을

▲▲ 다음을 볼 것. Michael Kremer, 'Why are Worker Cooperatives so Rare?,' NBER Working Paper no. 6118, 1997.

다시 유치해야만 했는데, 현 제도에서는 '경영권 장악'이라는 막대한 대가를 치러야만 가능하다.

　기업을 설립하려면 자기자본이 필요하다. 설립자의 초기 출자금이 자기자본이 되며, 이는 자본금에 해당한다. 이후 이익준비금처럼 추가되는 재원도 자기자본이 된다. 자기자본이 감소하면 손실이 발생한다. 주식회사에서 출자자는 출자의 대가로 의결권, 이익배당청구권, 주식양도권 등 주주로서의 권리를 부여받는다. 주식회사에서는 무엇보다 자본을 장악해 통제하는 사람이 권력을 갖는다. 각 출자자는 보유한 주식의 수에 따라 이사회에서 의결권을 갖는다.

　재정난을 겪는 기업은 자금을 수혈해줄 신규 출자자에게 투자를 유치해야 하는데—2014년 리베라시옹 사태가 바로 이런 상황이었다—투자 유치는 보통 두 단계를 거친다. 첫째, 회계상의 손실은 자본금으로 충당하는데, 이후 주식의 가치가 하락하고, 손실 충당 후 자본금이 0일 경우 기존 주식은 휴지 조각이 된다. 둘째, 신주를 발행해 유상증자를 하는데, 이때 새로운 주주가 등장해 경영권을 장악할 수 있다. 2010년 'BNP 트리오'(피에르 베르제, 그자비에 니엘, 마티외 피가스)가 르몽드 그룹을 인수하면서 1951년부터 르몽드의 대표 주주였던 르몽드 기자조합은 주주로서의 영향력을 크게 잃었다.

그래서 일부 주식회사는 위와 같은 희석 효과 및 일부 정치적 권력의 상실로부터 방어하고자 자본금 변동 상황 발생 시 이사회 구성원의 과반수가 참석하는 임시주주총회를 개최하도록 하고 있다. 기타 형태의 회사의 경우 정관에 변동자본과 관련된 조항을 포함시키기도 하는데, 이렇게 하면 정관을 수정하지 않고도 새로운 주주를 영입할 수 있다. 변동자본 관련 조항으로 절차는 용이해지나, 외부주주의 경영권 장악은 당연히 막지 못한다. 앞서 뉴욕타임스의 사례에서 보았듯이 주주는 자신의 의결권이 희석되는 것을 제한하고자―1주당 더 많은 의결권이 부여된 주식 외―다른 종류의 주식을 언제든 발행할 수 있지만, 외부주주의 경영권 장악은 기업 상장만큼이나 쉬운 일이다. 실제로 직원주주제로 운영되던 미국 위스콘신 주의 조간지 밀워키저널센티널이 2002년 상장된 후, 직원들은 10주당 1표를 갖게 되었다. 또 구글의 공동창업자인 세르게이 브린과 래리 페이지는 구글 상장 시 기존 주식 대비 의결권이 10배인 주식을 받음으로써 지분으로 보면 소액주주가 되었음에도 불구하고 계속해서 경영권을 장악할 수 있게 되었다.

주식회사와는 반대로, 재단이 기부금을 받는 것은 투자

유치와 별개로 여겨진다. 전 세계 수많은 유명 대학 및 박물관 등의 대규모 문화기관이 채택한 모델이 바로 재단 모델이다. 즉, 어떤 기부자가 수억 유로를 기부한다 해도 의결권은 주어지지 않는다.

극소수의 미디어가 이 모델을 적용하고 있지만, 온전한 형태로 이루어지고 있지는 않다. 신문사가 기부금을 유치하면 기부 과정에서 어떤 식으로든 독자조합이 구성되는데, 이때 독자조합은 출자자로 인정되지 않는다. 기부금이 들어오면 자본이 변동된다. 기부금은 대가성이 아니므로 신문사 입장에서는 기부금 상한선을 굳이 정할 이유가 없다. 그런데 이렇게 되면 독자와 크라우드펀딩 투자자 입장에서는 발언권이 주어지지 않는 데다가 기존 주주에게 모든 권력을 넘겨야 하므로 신문사에 기부할 마음이 사라지게 된다.

자본과 권력

비영리 미디어 주식회사는 중간적 형태의 기업 모델이다. 비영리 미디어 주식회사는 기부금 무제한이라는 재단의 특성을 차용한다. 모든 자연인 또는 법인은 자신이 선택한 하나 이상의 기업에 '기부'를 함으로써 해당 기업의 원활한 운영에 기여할 수 있다. 현재는 재단 기부금에 대해서만 감세 혜택이 있지만, 필자가 제안하는 비영리 미디어 주식회사에 기부할 경우, 현재 재단 기부 시 적용되는 혜택이 똑같이 적용되는데 여기에는 보상이 따른다. 기부금은 비영리 미디어 주식회사의 자본금이 되고, 자본 출자 시―이것이 바로 핵심이다―'정치적' 권력이 주어진다.

좀더 자세히 살펴보면, 비영리 미디어 주식회사의 지분을 1퍼센트 이상 보유한 모든 사람은 출자자에게 부여되는 정치적 특성, 즉 의결권을 갖는다.(보유 지분의 기준을 1퍼센트 대신 0.5퍼센트나 2퍼센트로 정할 수도 있다.) 여기서 중요한 것은, 크라우드펀딩이나 직원주주제에서 보유 지분이 1퍼센트 미만인 사람들끼리 모여 조합을 결성해 특별의결권을 가질 수 있다는 점이다. 쉽게 말해, 배당금을 지급받거나 출자금을 회수할 권리를 갖지 못하더라도 비영리 미디어 주식회사에 출자한 사람들을 모두 '주주'라고 불러야 할 것이다. 실례를 들어보자. 언론사의 자본금은 규모에 따라 다른데, (대기업 소유가 아닌) 소규모 지역일간지 또는 온라인 전문 매체의 경우 수만 유로 수준이고, 주요 전국일간지와 시사주간지의 경우 수억 유로에 달한다. 따라서 주요 일간지에 출자를 하려면 독자조합 같은 법인을 설립해야 한다.(단 한 명의 '독자'만으로는 지분 1퍼센트도 보유하기 힘들 것이다.)

새로운 미디어 기업 모델의 주요 공헌 중 하나는 주식회사에서 투자 유치 시 발생하는 희석과 경영권 장악 문제를 걱정하지 않고―이전에는 투자액 제한이 없었다―투자를 유치할 수 있다는 점이다. 그렇다면 구체적으로 어떻게 해야 할까? 비영리 미디어 주식회사의 핵심은 '1주 1표'라는 비례 원칙을 버리는 것이다.

비영리 미디어 주식회사의 의결권

비영리 미디어 주식회사 설립법에서는 보유 지분 상한선을 정해(대략 10퍼센트) 이를 초과할 경우 의결권은 보유 지분에 완전히 비례하지 않도록 해야 할 것이다. 예를 들어 상한선을 초과하는 지분에 대해서는 의결권을 3분의 1만 인정하는 것이다. 이와 반대로 보유 지분이 10퍼센트 미만인 소액 기부자에게는 그만큼 의결권을 더 많이 부여해, 전체 의결권의 합이 항상 100퍼센트가 되도록 맞추는 것이다.

소액 기부자에게 적용되는 의결권 가산율은 자본의 전

체 구조에 따라 달라질 것인데, 아래 예에서 보듯 실제로
는 대략 2~3배 가산될 것이다. 여기서 중요한 점은, 지분을
1퍼센트 미만 보유한 독자, 직원, 크라우드펀딩 투자자가 모
두 모여 하나 이상의 조합을 결성할 수 있다는 것이다. 예
를 들면 독자조합과 직원조합이 있을 수 있겠다.

　또 하나 중요한 점은, 이들 조합의 총지분이 10퍼센트를
초과하더라도 조합의 전체 의결권에 가산율을 적용한다는
것이다. 이는 소액주주의 수를 늘리기 위해서다. 기업 자본
규모에 따라 여러 기준(지분율 10퍼센트, 상한선 초과 지분은
3분의 1만 의결권 인정, 지분율 1퍼센트 시 소액주주로 인정)을
기업 재량에 맡기는 것을 법으로 허용하는 것도 생각해볼
수 있다.•

　그렇다면 왜 대주주는 의결권을 최대로 확보한 후에도
출자를 할까? 긍정적으로 보자면, '거액 기부자'는 뵈브메
리의 표현을 빌리면 계속 기부를 함으로써 "자신의 순수한
의도를 널리 알리고, 모든 의혹에서 벗어날 수 있다." 현실
적으로 보면, 사람들은 세제 혜택을 받기 위해 기부를 한
다. 사실상 거액 기부자는 세제 혜택을 받아 자신의 지분
대비 상대적으로 적은 권력(의결권)을 보상받는다. 미국의
재단 관련 세법은 이미 거액 기부자의 권한을 어느 정도 제

• 이와 관련해 기타 기준에 적용되는 가산율 계산법을 온라인 부록에서 상세히 소
개하고 있다. 아래 사이트에서 다음에 나올 사례를 직접 시뮬레이션 해볼 수 있다.
https://sites.google.com/site/juliacagehomepage/sauver-les-medias

한하고 있고, 권한과 세제 혜택을 비슷한 수준으로 유지하고 있다. 미국에는 두 종류의 비영리 재단이 있는데, 바로 '민간재단private foundation'과 공공재단이라 할 수 있는 '공공자선단체public charity'다. 공공자선단체의 주 수입원은 일반 대중이고 개인, 정부, 민간재단 등 다양한 기부자로부터 기부를 받는다. 전체 기부금의 최소 3분의 1은 전체 기부금의 2퍼센트 이하에 해당하는 금액을 기부하는 기부자로부터 받아야 한다. 반면, 민간재단의 주 수입원은 소수의 거액 기부자(개인, 가문, 기업)이고, 일반 대중을 상대로 기부금을 유치할 수 없다. 그런데 세법상 공공자선단체가 민간재단보다 훨씬 유리하다.

사례

설립자 두 명이 미디어 기업 설립을 위해 자본금을 모으고 있다고 가정해보자. 이 기업을 중급 규모로(직원은 40명) 설립하는 데 약 220만 유로가 필요하다. 일단 설립자는 각자 40만 유로를 투자할 수 있다. 그러면 이제 140만 유로를 구해야 한다.

주식회사의 경우, 설립자들은 투자기금을 통해 최대

100만 유로까지 확보할 수 있고, 직원 40명은 각자 5000유로까지 투자 가능하며, 나머지 20만 유로는 크라우드펀딩 플랫폼을 통해 2000명으로부터 각각 100유로를 기부 받을 수 있다. 이렇게 하면 출자 문제는 해결되는데, 문제는 의결권이다. 이제부터 비영리 미디어 주식회사 모델이 직원이나 크라우드펀딩 투자자 입장에서 훨씬 민주적이고 매력적인 방식으로 의결권을 분배하는 과정을 살펴보자.

　주식회사의 경우, 설립자 두 명은 각자 20퍼센트, 투자기금은 50퍼센트, 각 직원은 0.25퍼센트의 의결권(직원 40명의 의결권을 모두 합해도 10퍼센트밖에 되지 않는다)을 갖는다. 개인 소액 기부자의 경우 발언권이 없다. 투자기금은 언제든 출자를 철회할 수 있어서 자금 운용 전반에 문제가 생길 수 있다.

　그렇다면 비영리 미디어 주식회사에서 의결권은 어떻게 분배될까? 일단 직원 40명은 크라우드펀딩 투자자들처럼 직원조합을 결성할 수 있다. 주식회사에서는 의결권이 전혀 없는 개인 소액 기부자들 역시 독자조합을 결성할 수 있다. 앞서 언급한 지분율 10퍼센트, 상한선 초과 지분은 3분의 1만 의결권을 인정하는 기준을 적용하면 직원조합과 독자조합은 각자 의결권을 16퍼센트 갖게 되고, 두 조합은 의결권을 32퍼센트 가까이 보유하게 되는데, 이는 의사결정 시 상당한 영향력을 발휘하게 된다.

비영리 미디어 주식회사의 장점은 이뿐만이 아니다. 소액주주들이 기업 경영에 더 많이 참여하고, 세제 혜택도 더 많이 받게 되면 이들은 더 많이 투자하려고 들 것이다. 직원의 경우 1만5000유로 투자 시 실제로는 (세제 혜택 적용 후) 5000유로만 부담하면 되므로, 모든 직원이 1만5000유로를 투자하려고 할 것이고, 이렇게 되면 각 직원이 5000유로를 투자했을 때에 비해 40만 유로를 추가로 확보하게 된다. 현 제도 아래 기부자들은 이미 이와 같은 세제 혜택을 받고 있으나, 이들에게 의결권을 부여한다면 더 많은 독자 크라우드펀딩 투자자를 끌어들여 60만 유로(6000명으로부터 100유로씩 모금)를 추가로 확보할 수 있다. 이렇게 하면 투자기금에 손을 내밀지 않아도 필요한 자본금을 마련할 수 있다. 사실 투자기금 입장에서도 비영리 기업에 선뜻 100만 유로를 지급할 마음이 생기지 않을 것이다. 게다가 몇 년 후 투자기금이 발을 빼는 상황을 걱정할 필요도 없다. 결국 비영리 미디어 주식회사 모델을 적용해 두 설립자가 각자 14퍼센트(총 28퍼센트), 직원조합이 31퍼센트, 독자조합이 41퍼센트의 의결권을 갖게 되고, 권력은 균형을 이루게 된다.

현재 이 같은 비영리 미디어 주식회사 모델을 적용해 구할 수 있는 미디어가 상당히 많다.

비영리 미디어 주식회사의 이점

비영리 미디어 주식회사의 큰 장점은 크라우드펀딩 모델을 기반으로 독자와 직원에게 기업 경영 참여 기회와 의결권을 주는 것이다. 독자와 직원은 의결권을 갖게 돼 진정한 주주가 된다. 앞서 독자나 기자가 운영하는 언론사들이 몰락해가는 모습을 소개했는데, 이들이 비영리 미디어 주식회사 모델을 채택한다면 해당 언론사는 영속할 수 있을 것이다. 왜 그럴까? 비영리 미디어 주식회사는 법적으로 독자나 기자가 운영하는 언론사에 훨씬 유리하고, 최근 수십 년의 사례에서 보듯 외부주주의 손아귀에 넘어가는 일을 피할 수 있기 때문이다.

프랑스에서는 르몽드 주주 사이에 문제가 불거지면서 1951년 최초의 기자조합이 탄생했다. 이 사태로 르몽드의 지분 일부(29퍼센트)가 기자조합으로 양도되었다. 이후 1965년부터 (르피가로, 랄자스, 레제코, 우에스트프랑스에서)

기자조합 붐이 일었다. 1968년 르몽드 기자조합은 지분을 무려 40퍼센트 보유하게 되었다. 하지만 이후 계속된 투자 유치로 인해 기자조합의 지분율은 서서히 줄어들어 현재는 5퍼센트 미만에 그치고 있다.

1973년 리베라시옹이 창간되면서 직원들이 지분을 100퍼센트 보유했다. 그런데 연속되는 증자로 인해 지분은 점차 외부주주의 손에 넘어갔고, 현재 직원 보유 지분은 1퍼센트도 되지 않는다.

대다수 신문사에서 기자조합은 사라졌거나 영향력을 완전히 상실했다. 이런 변화를 피할 길은 없었을까? 신문사 입장에서는 분명 손실을 숨기거나 필요한 투자금을 확보하기 위해 연속적으로 증자를 실시했을 것이다. 그리고 기자조합은 변화의 속도를 따라가지 못했을 것이며, 이는 충분히 이해할 수 있다. 그런데 기자조합의 영향력 상실은 정당하거나 불가피했을까? 이 점이 바로 비영리 미디어 주식회사와 비교했을 때의 주식회사의 특징이라 할 수 있다.

우선 주식회사가 손실을 메우기 위해 증자를 실시할 경우 회계상의 손실은 자본금으로 충당하므로 대부분의 경우 기존 주식은 휴지 조각이 된다. 반면 비영리 미디어 주식회사에서는 이익을 분배하지도(배당금 지급 안 함), 자본금으로 손실을 충당하지도 않는다.

또한, 자본금으로 손실을 충당하는 것과는 별개로, 모든 증자는 자동적으로 기존 주주의 의결권을 희석시키는 결과는 낳는다. 앞서 소개한 사례에서 200만 유로를 투자할 신규 주주 1명이 필요한 상황이 되었다고 가정해보자. 주식 회사의 경우 새 주주가 영입되면 설립자 두 명의 의결권은 각자 20퍼센트에서 10퍼센트로 줄어들고, 직원 40명 전체 에게 할당되는 의결권은 5퍼센트에 불과하다. 직원들이 함께 모여 의결권 10퍼센트를 행사하고자 할 경우 각 직원은 5500유로를 추가로 출자해야 한다.

이제 비영리 미디어 주식회사의 경우를 살펴보자.(손쉬운 비교를 위해 독자조합이 없다고 치자.) 새 주주가 영입되면 직원조합은 의결권 10퍼센트를 행사하기 위해 직원 40명이 각자 600유로를 추가 출자하면 되는데, 실제로는 (감세 혜택 적용 후) 각자 200유로만 부담하면 된다. 즉 주식회사 대비 5300유로를 덜 내는 셈이다. 만약 비영리 미디어 주식회사의 직원이 주식회사에서 요구되는 5500유로를 추가 출자한다면 감세 혜택 적용 후 직원조합은 무려 28퍼센트 이상의 의결권을 행사할 수 있게 된다.

이처럼 비영리 미디어 주식회사 모델의 목표는 대주주의

절대 권력 행사를 막는 것이다. 특히 비영리 미디어 주식회사는 소액 및 중액주주가 애착을 갖는 신문사의 위기 극복에 적극 기여할 수 있도록 하는 수단이기도 하다. 그렇다고 해서 비영리 미디어 주식회사가 직원들 간의 절대적이고 철저한 평등('1인 1표')이라는 협동조합의 허상 속에서 운영된다는 말은 아니다. 기업의 원활한 운영과 투자에 반드시 필요한 자본금을 무시하는 것은 아무런 도움이 되지 않는다.

그동안 편집인조합이 실패했던 이유는 협동조합형 기업과 마찬가지로—각자의 지분과 관계없이—무조건 1인 1표를 부여해 조합원 간에 의결권이 비효율적으로 재분배되었기 때문이다. 비영리 미디어 주식회사의 경우 지분이 많을수록 의결권도 많아지나, 지분이 일정 기준을 넘게 되면 추가 지분에 대해 감산율을 적용하는데, 이렇게 하면 소액주주는 더 많이 투자하게 된다.

앞서 언급한 사례에서라면 소액주주들이 총 5만 유로를 출자하면 지분을 1퍼센트 이상 보유하게 되고 이에 따라 의결권도 늘어난다. 각자 기여도가 달라도 민주주의를 실현할 수 있다는 점에서 비영리 미디어 주식회사는 더욱 민주적이다.

또한 세제 혜택을—그리고 민주적 방식을—통해 독자

조합 결성을 장려해 민주주의를 실현하도록 한다. 이로써 뉴스 생산자뿐만 아니라 뉴스 소비자도 뉴스를 다시 한번 소유하게 된다. 크라우드펀딩도 상당히 민주적인데, 수많은 소액 기부자들에게 의결권을 부여하기 때문이다. 크라우드 펀딩 투자자들이 모여 조합을 결성하면 이 조합은 후원자가 될 뿐만 아니라, 그 자체로 주주가 된다. 이들은 배당금을 지급받지는 않지만 기업의 경영 방향을 정하고, 중요한 의사결정 시 발언권을 갖게 된다.

현 언론 지원제도의 대안

비영리 미디어 주식회사는 현재 프랑스 등의 국가에서 시행 중인 언론 지원제도의 대안이 될 수 있다. 앞서 보았듯이 현 언론 지원제도는 매우 복잡하고, 일부 의사결정은 이사회와 직원의 재량에 맡겨져 임의로 이루어진다. 비영리 미디어 주식회사는 미국처럼 미디어에 대한 공공보조금이 부족한 국가에서 미디어에 할당하는 재원을 늘리는 참신하고도 매우 효과적인 수단이 될 수 있다.

비영리 미디어 주식회사는 여러 장점을 지닌다. 비영리성, 소액주주 증가를 통한 주주제의 민주화, 의결권 일부를 포기하는 대신 수백만 유로의 투자금에 대한 면세 혜택을 누리는 대주주의 대규모 출자, 비영리 미디어 주식회사 모델은 이 세 가지 요소를 결합한다. 의결권의 민주화와 자본의 영속성을 대가로 제공되는 면세 혜택은 대기업이나 부호 소유 미디어에 보조금을 지급한다는 모순을 일정 부분 해소해준다.

그리고 비영리 미디어 주식회사는 투명성 측면에서도 장점이 있다. 후원자에게 제공되는 감세 혜택은 모든 뉴스미디어에게 자동적으로, 또 투명한 방식으로 이득이 될 것이다. 여기서 말하는 뉴스미디어란 모든 종류의 미디어, 즉 신문사, 온라인 전문 매체 외 앞으로 등장할 모든 혁신적 미디어를 말하며, 라디오와 TV도 당연히 포함된다. 다만 한 가지 조건이 있다. 뉴스미디어는 독창적인 뉴스를 생산해야 한다. 따라서 제3자가 생산한 뉴스를 중요도순으로 배열할 뿐인 뉴스 애그리게이터는 뉴스미디어에서 제외한다.

그렇다면 비영리 미디어 주식회사로 어떤 혜택을 누리게 될까? 한편으로는 비영리 미디어 주식회사를 선택하는 기업의 수에 따라, 다른 한편으로는 입법부가 정하는 기준 및 국가별로 다를 감세 혜택의 규모에 따라 달라질 것이다.* 비영리 미디어 주식회사의 감세 혜택 수준을 결정하는

---

* 현재 프랑스에서는 개인의 경우 매해 과세 대상 소득의 20퍼센트 내에서 기부금의 66퍼센트까지 감세 혜택을 받는다. 기부금이 과세 대상 소득 20퍼센트를 초과할 경우 감세 혜택은 이후 5년에 걸쳐 받을 수 있다.

것은 입법부의 몫이기 때문이다. 또 입법부는 필요에 따라 비영리 미디어 주식회사의 전체 수입 중 광고의 비중을 제한하는 등의 규제를 마련해야 할 것이다.

이 책의 목표는 누구나 알고 있는 해결책을 제공하는 것을 가장해 토론을 마무리 짓는 게 아니라, 새로운 제안을 함으로써 우리의 민주적 이상향의 기반인 미디어에 좀더 밝은 미래를 열어주는 것이다.

결론
자본주의와 민주주의

종이언론의 위기는 어떤 면에서 보면 불가피한 흐름 같
다. 우리는 이를 슬퍼할 수 있다. 위기가 끝나기만을 기다릴
수 있다. 종이언론이 죽도록 내버려둘 수도 있다. 아니면 미
래를 향해 나아가며 위험을 무릅쓰면서 미디어를 반드시
구해야 한다고 외칠 수 있다.

합승마차 시대의 종말

앞으로 어떤 미래가 펼쳐질까? 바이스미디어일까, 뉴욕
타임스일까? 프로퍼블리카일까, 워싱턴포스트일까? 버즈피
드일까, USA투데이일까? 메디아파르일까, 르몽드일까? 메일
온라인일까, 허핑턴포스트일까? 조지프 슘페터가 볼 때 철
도를 만든 사람은 합승마차의 소유주들이 아니었다. 즉, 기

존의 경제주체가 미래를 위한 혁명을 이끌 것이라고 기대하지 말아야 한다는 것이다. 일부 신문사는 현대화의 길을 택했고 디지털로의 전환을 결정해, 매우 다양하고도 놀라운 형식을 갖춘 신규 미디어와 함께 미디어의 미래를 선도하고 있다.

　어느 신문사가 끝까지 살아남고 어느 신문사가 사라질 것인가는 중요한 문제가 아니다. 일부 신문사는 자취를 감출 것이고, 신문사가 사라질 때마다 애통함과 좌절감을 느끼겠지만 우리는 이에 익숙해져야 할 것이다. 그리고 새로운 신문사가 등장하면 우리는 이를 축하해야 할 것이다. 핵심은 가급적 많은 사람이 접할 수 있는 자유롭고 독자적인 양질의 뉴스를 모든 형식을 동원해 계속 생산하는 것이다. 광고 수입이 줄고 있고, 사실상 제한된 수의 언론사만 지원받을 수 있는 미디어 산업에서 경쟁이 과열되고 있긴 하지만 말이다. 매체는 무엇이 되었든 상관없다.

　이 책에서 내세우는 해결책―'비영리 미디어 주식회사'―은 급진적으로 보일 수 있다. 그렇다고 해서 극단적이지는 않다. 프랑스의 경우 언론 지원제도를 대폭 단순화하고, 미국의 경우 미디어에게 좀더 이익이 되는 법적 규제와 세제를 마련하고, 종이신문만을 지원하는 유럽국가의 경우 온라인 신문사에게도 부가가치세 감면 혜택을 제공하는 것, 넓게 보면 미디어가 재단 형태를 좀더 쉽게 취해 후원을 받을 수 있도록 하는 것, 이 모든 것을 시행하는 것만으로도 큰 진전이 될 것이다. 종합뉴스미디어는 대학, 영화 산업, 21세기 지식경제를 이루고 있고 앞으로 이루게 될 모든 산업과 마찬가지로 공공재를 제공하기 때문이다. 따라서 미디어는 국가로부터 특별한 혜택을 받아야 한다.

게임은 끝났다?

"게임은 이미 끝났다, 이제 끝났다, 곧 끝날 것이다, 조만간 끝날 것이다?" 세계 여러 국가는 미디어의 위기라는 문제의 심각성 때문에 마비된 것처럼 보인다. 미디어와 관련해 자칫 국가의 장악과 개입이라는 비난에 시달릴 수 있다. 그래서 정부는 주저하는 모습을 보인다. 그렇지만 이와 상관없이 프랑스에서는 언론 지원기금이 새로 생겼다. 이 기금은 기존 지원금과 비교해 좀더 자의적으로 보조금을 지급한다.

현재 많은 국가는 조금씩 미디어를 비영리 기업으로 인정하고 있고, 이에 따라 미디어는 후원의 혜택을 누릴 수 있게 된다. 그런데 미디어가 비영리 기업으로 인정받으려면 수많은 조건을 충족해야 하는 등 매우 복잡한 절차를 거쳐야 한다. 미디어는 공공재라는 논리를 끝까지 밀어붙이지 못하고 있기 때문이다. 선거 때마다 문을 닫는 신문사가 생기고, 곳곳에서 정치참여도가 저조해지고, 극단주의 정당이 점점 기세를 떨치고, 정치적 토론이 경직되어도 아랑곳하지 않는다. 오래전부터 수많은 지식경제 부문(유럽과 미국에 존재하는 다양한 형태의 고등교육, 연구 부문 등)이―정당한 이유로―각종 법적, 세제 혜택을 받고 있지만, 대다수 미디어는 공공재와 민주적 이상향의 핵심 요소인데도 이같은 혜택을 받지 못하고 있다.

　따라서 비영리 미디어 주식회사처럼 유연한 새로운 기업 모델을 마련할 필요가 있다. 비영리 미디어 주식회사는 재단과 주식회사의 중간 형태로, 새로운 방식의 권력 분배와 재원 마련을 해볼 수 있다.

　프랑스에 비영리 미디어 주식회사가 있었다면 직원들이 지역일간지인 니스마탱(기업회생 절차 중)을 직접 경영하면서 코르스마탱을 희생시킬 필요도 없었을 것이고, 무엇보다 2014년 11월에 결정된 것처럼 직원들이 신문사의 경영권을 양도하지 않아도 되었을 것이다. 전국일간지인 리베라시옹이 비영리 미디어 주식회사로 거듭날 수 있었다면, 최근 발생한 위기 이후 신문사 승계 문제가 발단이 되어(카를로 카라치올로가 대주주가 됨) 2015년 소속 기자 3분의 1가량이 신문사를 떠나는 일을 사전에 막을 수 있었을 것이다. 리베라시옹이 비영리 미디어 주식회사였다면 이미 출자된 자본을 회수할 수 없으므로 승계자들이 자신의 자본을 회수하려고 들면서 기업 시스템 전체가 약화되고, 신문사가 생산하는 뉴스의 품질에는 별 관심이 없는 외부주주들에게 모든 권력을 내주는 일은 없었을 것이다.

미국에 비영리 미디어 주식회사가 있었다면 얼마나 많은 신문기자가 해고를 피할 수 있었을 것인가? 그리고 얼마나 많은 신문사가 문을 닫는 대신 새롭게 시작할 수 있었을 것인가? 직원들이 소유하고 있었던 밀워키저널센티널의 경우, 2000년대에 상장하는 대신 비영리 미디어 주식회사의 형태를 취하고 탐사보도의 품질을 높이 평가하는 애독자들에게 기금을 유치했다면 상황은 달라졌을 것이고, 직원들에게도 기금을 유치했다면 직원들은 보유 주식의 가치가 폭락하는 것을 지켜보는 대신 후원자로서의 혜택을 입을 수 있었을 것이다. 최근 몇 년간의 주가 폭락과 이것이 기자들에게 미친 영향—명예퇴직자의 퇴직금 축소, 직원의 해고퇴직 후 충원하지 않음―을 생각해보면, 상장이라는 해결책이 반드시 최선이었다고는 말할 수 없다. 2015년 스크립스컴퍼니가 밀워키저널센티널을 인수하면서―수익성이 높았던 방송 부문이 오랫동안 종이신문 부문을 먹여 살렸는데 인수와 함께 방송 부문과 종이신문 부문이 분리되었다―사람들은 추가 감원이 있을 것이고, 머지않아 신문사가 문을 닫거나 적어도 종이신문을 포기할 것이라고 내다보았다. 스크립스가 폐간을 결정한 신문은 신시내티포스트, 앨버커키트리뷴, 로키마운틴뉴스 등이다. 오마하월드헤럴드 역시 창간 180년이 가까이 된 미국의 저명한 일간지로, 구독률을 보면 애독자가 많고, 밀워키저널센티널과 마찬가지로 오랫동안 직원들이 경영권을 보유하고 있었는데, 워런 버핏이 소유한 여러 신문사 중 하나가 되는 대신 비영리 미디어 주식회사가 되었더라면 분명 얻는 것이 많았을 것이다.

게다가 비영리 미디어 주식회사는 새로운 신문이나 온라인 뉴스 사이트가 생기는 데 큰 도움을 줄 수 있다. 비영리 미디어 주식회사는 독자로부터 기금을 유치할 수 있을 뿐만 아니라, 외부 거대주주는 처음부터 제한된 의결권―권력―을 갖기 때문에 창간도 하기 전에 이들에게 경영권을 잃을 수 있다는 두려움 없이 투자를 유치할 수 있다. 앞서 보았듯이 지나치게 적은 취재인력으로 큰 고통을 받는 기존의 비영리 미디어들은 비영리 미디어 주식회사의 형태를 취해 크라우드펀딩을 실시함으로써 더욱 빨리 성장할 수 있을 것이다.

무엇보다 비영리 미디어 주식회사는 기존의 미디어를 뛰어넘는다. 비영리 미디어 주식회사는 재단과 주식회사의 중간 형태를 취한다. 자본주의 체제 내 좀더 민주적인 권력 분배를 재고한다. 또한 협동조합에 대한 허상('1인 1표')과 자본주의에 대한 허상(거대주주의 무한한 절대 권력)으로 발생하는 극단적 오류가 없는 중간 형태의 기업이다. 그리고 권력과 주주를 새로운 방식으로 정의한다.

미디어에게는 비영리 미디어 주식회사가 가장 적합하다. 현재 미디어의 위기는 심각하므로 더 이상 망설일 이유가 없다. 현재로서는 대안을 선택하는 것 외에는 방법이 없다. 오늘날 인터넷 같은 신기술은 자본주의를 대중화하고 있는데, 대표적 예가 크라우드펀딩의 발전이다. 하지만 단순 기부에 그쳐서는 안 된다. 크라우드펀딩 투자자가 기업에 적극적으로 투자할 수 있도록 이들에게 의결권과 정치적 권력을 부여해야 한다. 또 이들에게 우리 미래를 결정할 권력

을 다시 주어야 한다. 핵심은 자본주의, 크라우드펀딩, 민주
주의다.

옮긴이의 말

우리나라에 인터넷이 보급된 후 가장 큰 변화를 겪은 건 미디어가 아닌가 싶다. 인터넷 이전 시대에는 신문, 라디오, 텔레비전 및 각종 잡지를 통해 뉴스를 접했다. 하지만 인터넷이라는 새로운 환경에서 인터넷 전문매체 등 다양한 미디어가 등장하게 되었다. 현재 우리나라에는 협동조합 형태를 띠거나 구독자 후원금으로 운영되는 온라인 뉴스 전문매체가 상당수 있다. 팟캐스트도 빼놓을 수 없다. 초기의 팟캐스트는 취미, 어학 등 실용성이 강조되었으나 점차 뉴스와 시사를 다루는 팟캐스트가 생기면서 대안 언론으로서의 모습도 보이고 있다.

그런데 우리는 새롭게 등장한 미디어를 관대한 시선으로 보는 것 같지 않다. 흔히 기존 미디어를 '주류', 새로운 미디어를 '비주류'라고 부르면서, 비주류 미디어는 남다른 의견을 지닌 소수의 전유물이라고 생각한다. 매우 편협한 시각이지만 부인할 수 없는 현실이기도 하다. 자본주의사회에서 특정 미디어를 최대한 많은 사람에게 노출시키려면 자금력이 있어야 하는데, 비주류 미디어는 이 점에서 한계를 지닌다. 결국 다수 내지는 주류 미디어 소유주의 의견에 힘이 실리고, 소수의 의견은 사람들에게 외면받는다. 그런데 이런 현상을 단순히 돈의 문제로 봐서는 안 된다. 누군가의 의견에 힘이 실린다는 것은 곧 권력을 의미하고, 권력을 소유한 사람이 누구냐에 따라 미디어는 극단적인 모습을 띨 수 있다. 대표적인 예로 강력한 사회주의 또는 공산주의 국가의 미디어가 있다. 막강한 권력을 지닌 국가는 미디어를 감시하고 통제하고 검열해 소수의 의견을 묵살한다. 이는 우리가 꿈꾸는 민주주의의 이상향이 아니다. 다수와 소수의 의견을 동등하게 다루는 것이야말로 민주주의의 기본이라 할 수 있다. 이를 위해서는 국가 차원의 체계적인 제도와 지원, 다양한 형태의 미디어를 받아들일 수 있는 시민 의식이 필요하다. 무엇보다 자금력이 미디어의 존폐를 좌지우지해서는 안 된다. 민주주의사회에서 미디어는 특정인의 사재가 아닌 우리 모두의 것, 즉 공공재이기 때문이다. 그러므로 미디어에 특별한 지위를 부여해 일반적인 기업과는 다른 혜택을 주어 미디어가 본기능을 다할 수 있도록 체계적으로 지원해야 한다.

오랫동안 미디어를 연구해온 줄리아 카제는 미디어와 관련해 획기적인 해결책을 제시한다. '비영리 미디어 주식회사'는 주식회사와 비영리 재단의 이점을 취한 새로운 기업 형태로, 미디어의 자본을 보장해 안정적인 운영을 약속하며 미디어가 제 기능을 할 수 있도록 한다. 또한 기존의 기자조합이나 독자조합이 지닌 한계를 극복하고, 독자의 의견이 미디어 운영에 반영되기 어렵다는 단점을 보완한다. 한층 '민주적인' 주주제를 도입해 소액주주에게 힘을 실어주고, 대주주나 주요주주가 미디어를 마음대로 주무르지 못하게 한다. 즉 액수와 상관없이 미디어에 기부하거나 미디어를 후원하는 사람들에게 배당권이 없는 주주의 권한(의결권)을 부여해 미디어 운영에 적극 참여하도록 함으로써 민주주의의 기반을 확고히 하는 것이다. 카제는 또한 크라우드펀딩의 활성화를 제안한다. 크라우드펀딩 참여자에게 의결권을 부여해 스스로 주주로서의 존재감을 느끼고 미디어 운영에 더욱 앞장서도록 하는 것이다.

미디어는 단순히 우리에게 뉴스를 전달하는 매체가 아니다. 미디어는 민주주의의 기반이자 민주주의를 실현하는

수단이다. 미디어를 공공재로 볼 때에만 민주주의는 한발
더 나아가게 될 것이다.

이 책에 등장하는 주요 미디어
(가나다순)

가디언Guardian
고커Gawker
내셔널지오그래픽National Geographic
뉴욕선New York Sun
뉴욕타임스New York Times
뉴욕포스트New York Post
데일리텔레그래프Daily Telegraph
디오스트레일리언The Australian
라가르데르Lagardère
라가제트La Gazette
라몽타뉴La Montagne
라트리뷴La Tribune
라프레스La Presse
라프렌사La Prensa
라크루아La Croix
레제코Les Échos
렉스프레스L'Express
로스앤젤레스타임스Los Angeles Times
르누벨옵세르바퇴르Le Nouvel Observateur
르볼뢰르Le Voleur
르쿠리에 피카르Le Courrier picard

르몽드Le Monde
르피가로Le Figaro
리베라시옹Libération
리욘 레퓌블리크L'Yonne républicaine
매셔블Mashable
메디아파르Mediapart
메일 온라인Mail Online
바이스미디어Vice Media
버즈피드BuzzFeed
보스턴글로브Boston Globe
선데이타임스Sunday Times
쉬드우에스트Sud Ouest
슈피겔Der Spiegel
시카고트리뷴Chicago Tribune
아이리시타임스Irish Times
엘코메르시오El Comercio
오마하월드헤럴드Omaha World-Herald
오주르뒤 앙 프랑스Aujourd'hui en France
우에스트프랑스Ouest-France
위싱턴포스트Washington Post
월스트리트저널The Wall Street Journal
USA투데이USA Today
이스트엔드뉴스East End News
타임Times
텍사스트리뷴The Texas Tribune
폭스뉴스Fox News
프랑스수아르France-Soir
프랑크푸르터알게마이네차이퉁Frankfurter Allgemeine Zeitung
프로퍼블리카ProPublica
허핑턴포스트Huffington Post
헤럴드선Herarld Sun

미디어 구하기

초판 인쇄 2017년 8월 11일
초판 발행 2017년 8월 18일

지은이 줄리아 카제
옮긴이 이영지
펴낸이 강성민
편집장 이은혜
편집 박은아 곽우정 김지수
편집보조 임채원
마케팅 이연실 이숙재 정현민
홍보 김희숙 김상만 이천희
독자모니터링 황치영

펴낸곳 (주)글항아리 | 출판등록 2009년 1월 19일 제406-2009-000002호
주소 10881 경기도 파주시 회동길 210
전자우편 bookpot@hanmail.net
전화번호 031-955-8891(마케팅) 031-955-1936(편집부)
팩스 031-955-2557

ISBN 978-89-6735-438-1 03300

이 도서의 국립중앙도서관 출판시도서목록(CIP)은 서지정보유통지원시스템 홈페이지
(http://seoji.nl.go.kr)와 국가자료공동목록시스템(http://www.nl.go.kr/kolisnet)에서
이용하실 수 있습니다. (CIP제어번호 : CIP2017019152)